STORI SAUNDERS LEWIS
Bardd y Chwyldro yng Nghymru

THE STORY OF SAUNDERS LEWIS
The Poet of Welsh Revolution

D1494043

STORI SAUNDERS LEWIS

Bardd y Chwyldro yng Nghymru

THE STORY OF SAUNDERS LEWIS

The Poet of Welsh Revolution

GWYNN AP GWILYM

Argraffiad cyntaf / *First edition* 2011
© Gwynn ap Gwilym
ISBN 978-1-906396-38-1

Cyhoeddwyd gyda chymorth ariannol Cyngor Llyfrau Cymru /
Published with the financial support of the Welsh Books Council

Cyhoeddwyd gan Gyhoeddiadau Barddas / *Published by Cyhoeddiadau Barddas*
Argraffwyd gan Wasg Dinefwr, Llandybïe / *Printed by Dinefwr Press, Llandybïe*

Cynnwys · Contents

Prolog

ROEDD HI'N hanner awr wedi pump o'r gloch brynhawn Mawrth, 13 Hydref 1936. Roedd y dyrfa enfawr ar y Maes yng Nghaernarfon yn gwbl dawel, yn disgwyl am newyddion o'r llys. Yn sydyn, gwaeddodd rhywun, 'Mae'r rheithgor wedi methu cytuno. Mae'r Tri yn rhydd.' Teithiodd y stori drwy'r heolydd, a dechreuodd y dyrfa floeddio a chanu. Anfonodd y barnwr y Prif Gwnstabl i ofyn am ddistawrwydd, ond pan ymddangosodd y Tri yn nrws y llys rhuthrodd aelodau'r dorf ymlaen a cheisio'u cludo ar eu hysgwyddau mewn gorfoledd. Yn ôl un papur newydd fore trannoeth, bu heolydd Caernarfon yn llawn canu drwy'r nos honno, ac yr oedd pobl yn y dorf o bob rhan o Gymru.

Y Tri oedd Lewis Valentine, gweinidog Eglwys y Bedyddwyr Cymraeg yn Llandudno, D J Williams, athro Saesneg Ysgol Ramadeg Abergwaun, a Saunders Lewis, darlithydd yn y Gymraeg yng Ngholeg Prifysgol Cymru, Abertawe. Y cyhuddiad yn eu herbyn oedd eu bod 'ym Mhen-rhos yn Sir Gaernarfon, rhwng naw o'r gloch yr hwyr ar y Seithfed dydd o fis Medi 1936 a chwech o'r gloch y bore ar yr Wythfed dydd o fis Medi 1936, sef am 1.30 y nos, wedi gwneud difrod maleisus i Adeiladau a Phentyrrau o Goed a phethau eraill, eiddo Ei Fawrhydi y Brenin, a bod y difrod yn werth mwy na £5, sef £2,355'.

*   *   *

Prologue

IT WAS five thirty on the afternoon of Tuesday, 13 October 1936. The huge crowd in Castle Square, Caernarfon, was completely silent, waiting for news from the court. Suddenly someone shouted, 'The jurors have failed to agree. The Three are free.' The story swept through the streets and the crowd started shouting and singing. The judge sent the Chief Constable to ask for silence, but when the Three appeared at the court door, members of the crowd surged forward and tried to carry them on their shoulders in jubilation. According to one newspaper the following day, the streets of Caernarfon were full of song all through that night, and there were people in the crowd from all parts of Wales.

The Three were Lewis Valentine, minister of the Welsh Baptist Church in Llandudno, D J Williams, English master at Fishguard High School, and Saunders Lewis, a lecturer in Welsh at the University College of Wales, Swansea. The charge against them was that they had 'at Penrhos in the County of Caernarfon, between the hours of 9 o'clock in the evening of the Seventh day of September 1936 and 6 o'clock in the morning of the Eighth day of September 1936, to wit, at 1.30 in the night, maliciously committed damage to Buildings and Stocks of Timber and other articles, the property of His Majesty the King, the damage exceeding the sum of £5, to wit, £2,355'.

*　　*　　*

Roedd hi'n brynhawn dydd Sadwrn, 2 Chwefror 1963. Ar bont bwysig Trefechan, a oedd yn cludo traffig priffordd yr A487 o'r de i dref Aberystwyth, fe eisteddodd rhyw ddeugain o fyfyrwyr o golegau Prifysgol Cymru yn Aberystwyth a Bangor i rwystro'r traffig. Yr oedd rhai ohonynt yn cario placardiau ac arnynt y slogan 'Statws i'r Iaith'. Buan y cyrhaeddodd yr heddlu, ac ni pharhaodd y brotest ond am ryw hanner awr. Protest oedd hi gan Gymdeithas yr Iaith Gymraeg – y gyntaf mewn cyfres hir a barhaodd gydol chwedegau a saithdegau'r ganrif ddiwethaf.

Sefydlwyd Cymdeithas yr Iaith Gymraeg ar 4 Awst 1962, yn Ysgol Haf Plaid Cymru ym Mhontarddulais, mewn ymateb i ddarlith radio a draddodwyd ym mis Chwefror y flwyddyn honno, pan alwodd y darlithydd 68 mlwydd oed ar i'r Cymry ifainc weithredu'n uniongyrchol yn erbyn y llywodraeth yn ganolog a lleol i sicrhau dyfodol yr iaith Gymraeg. 'Nid dim llai na chwyldro yw adfer yr iaith Gymraeg yng Nghymru,' meddai. 'Trwy ddulliau chwyldro yn unig y mae llwyddo.' Enw'r darlithydd oedd Saunders Lewis.

*   *   *

Cynnau'r tân yn Llŷn oedd y weithred gyntaf o wrthryfel cenedlaethol yng Nghymru ers Rhyfel Annibyniaeth Glyndŵr ddechrau'r bymthegfed ganrif. Sefydlu Cymdeithas yr Iaith Gymraeg oedd y tro cyntaf erioed i neb fynd ati'n wleidyddol i geisio sicrhau parhad y Gymraeg, yr oedd nifer ei siaradwyr wedi disgyn o 54.4 y cant o'r boblogaeth yng nghyfrifiad 1891 i 26 y cant yng nghyfrifiad 1961. Er bod gan Saunders Lewis ran allweddol yn y ddwy weithred wleidyddol hyn, nid gwleidydd ydoedd yn bennaf, ond bardd, nofelydd, dramodydd a beirniad llenyddol.

Dyma'i stori ...

It was Saturday, 2 February 1963. On the important Trefechan bridge which carried transport from the south on the main A487 road into the town of Aberystwyth, some forty students from the University of Wales colleges at Aberystwyth and Bangor sat down to stop the traffic. Some of them carried placards which bore the slogan 'Status for the Language'. The police soon arrived, and the protest lasted no more than about half an hour. It was a protest by the Welsh Language Society – the first in a long series that lasted throughout the 1960s and 1970s.

The Welsh Language Society was founded on 4 August 1962, at the Plaid Cymru Summer School in Pontarddulais, in response to a radio lecture given in February of that year, when the 68 year-old lecturer had called on young Welsh people to take direct action against central and local government to ensure the future of the Welsh language. 'Restoring the Welsh language in Wales is nothing less than a revolution,' he said. 'It is only through revolutionary means that we can succeed.' The lecturer's name was Saunders Lewis.

* * *

The kindling of the fire in Llŷn was the first act of national rebellion in Wales since Glyndŵr's War of Independence at the beginning of the fifteenth century. The setting up of the Welsh Language Society was the first attempt ever to try and ensure, by political means, the survival of the Welsh language, the number of whose speakers had fallen from 54.4 per cent of the population in the census of 1891 to 26 per cent in that of 1961. Although Saunders Lewis played a key part in these two political acts, he was not primarily a politician, but rather a poet, novelist, playwright and literary critic.

This is his story ...

PENNOD 1

Tyfu'n Ysgolhaig

O RAN genedigaeth, Sais oedd John Saunders Lewis. Fe'i ganwyd yn Wallasey, swydd Gaer, ar 15 Hydref 1893, yn ail fab i'r Parchedig Lodwig Lewis, brodor o Lanarthne yn Sir Gaerfyrddin a gweinidog Eglwys y Methodistiaid Calfinaidd Cymraeg yn Liscard Road, Wallasey, a'i wraig, Mary Margaret. Bu hi farw ym 1900, a magwyd y bechgyn gan ei chwaer, Ellen Elizabeth, a ddaeth i fyw i'r cartref yn 6 Wilton Street, Liscard.

Yr oedd ym Mhenrhyn Cilgwri a dinas Lerpwl ar ddiwedd y bedwaredd ganrif ar bymtheg ugeiniau o filoedd o Gymry a oedd wedi ymfudo yno ac yn byw eu bywyd yn gwbl naturiol drwy gyfrwng yr iaith Gymraeg. Perthynai llawer ohonynt i ddosbarth canol llewyrchus, yr unig *bourgeoisie* Cymraeg ei iaith a fu erioed, yr oedd ei fywyd cymdeithasol yn troi o gwmpas y capeli Cymraeg niferus. Gweinidogion y capeli hynny oedd arweinwyr y gymdeithas, a byddent yn byw fel tywysogion. Dywedir y byddai taid Saunders Lewis ar ochr ei fam, y Dr Owen Thomas (1812–91), gweinidog Capel Princes Road yn y ddinas ac awdur y clasur Cymraeg *Cofiant y Parch John Jones, Talsarn* (1874), yn mynnu teithio bob amser yn y dosbarth cyntaf ar y trên, a phan âi i bregethu i gymoedd tlawd de Cymru, gofalai y byddai'n lletya yng nghartrefi cyfoethogion lleol. Cartref felly, yn Belvidere Road, Lerpwl, oedd cartref Gwen, merch John Jones, Tal-y-sarn, a'i gŵr, marchnatwr te llwyddiannus o'r enw John Davies, a'u meibion: George M Ll Davies, a ddaeth wedyn yn

CHAPTER 1

The Makings of a Scholar

JOHN SAUNDERS LEWIS was an Englishman by birth. He was born in Wallasey, Cheshire, on 15 October 1893, the second son of the Reverend Lodwig Lewis, a native of Llanarthne in Carmarthenshire, minister of the Welsh Calvinistic Methodist Church in Liscard Road, Wallasey, and his wife, Mary Margaret. She died in 1900, and the boys were brought up by her sister, Ellen Elizabeth, who came to live at the family home in 6 Wilton Street, Liscard.

There were on the Wirral Peninsula and in the city of Liverpool at the end of the nineteenth century scores of thousands of Welsh migrants who lived their lives through the natural medium of the Welsh language. Many of them belonged to a flourishing middle class, the only Welsh-language *bourgeoisie* that ever existed, whose social life focused on the numerous Welsh-language chapels. The ministers of these chapels were the leaders of society, and they lived like princes. It is said that Saunders Lewis's maternal grandfather, Dr Owen Thomas (1812–91), minister of Princes Road Chapel in the city and author of the Welsh-language classic *Cofiant y Parchedig John Jones, Talsarn* ('The Biography of the Reverend John Jones, Talsarn', 1874), always insisted on a first class ticket when travelling by train, and when he went to preach in the poor south Wales valleys, he made sure that he stayed at the homes of the local gentry. One such home, in Belvidere Road, Liverpool, was the home of Gwen, the daughter of John Jones, Tal-y-sarn, her husband, a successful tea merchant by the name of John

heddychwr amlwg, a J Glyn Davies, a ddaeth wedyn yn Athro Celteg Prifysgol Lerpwl ac yn awdur *Cerddi Huw Puw* a *Cerddi Porthdinllaen*. Âi Owen Thomas yno'n aml am ginio a the ar y Sul. Ym mis Mai 1888, dair blynedd cyn ei farw, cyflwynwyd iddo 'anerchiad disgrifiadol' ynghyd â thysteb o £1,400 yn arwydd o werthfawrogiad y genedl o'i lafur. Byddai'r swm hwnnw heddiw, a mesur yn ôl y cynnydd yn y Mynegai Prisiau Adwerthu yn unig, yn werth dros £100,000.

Flynyddoedd yn ddiweddarach, mewn adolygiad yn y *Western Mail*, 21 Awst 1965, ar *Hanes Bywyd John Glyn Davies* gan ei weddw, Hettie, ysgrifennodd Saunders Lewis:

> Yr wyf fi'n cofio mam Glyn Davies yn dda. Ym mlynyddoedd ei gweddwdod a'i henaint yn Lerpwl byddai hi'n dod i'n tŷ ni i de ryw ddwywaith y flwyddyn neu deirgwaith. Yr oedd hi'n weddol dal, yn ei du bob amser, yn ledi go fawr ac awra ei gorffennol o'i chwmpas ... Yng nghyfnod eu llwyddiant yr [oedd hi a'i gŵr] yn perthyn i uchel *bourgeoisie* Princes Road a masnachwyr Lerpwl.

Gyda'r fath gefndir â hyn, nid rhyfedd mai yn ysgol ramadeg breifat Liscard yn Wallasey y derbyniodd Saunders Lewis ei addysg gynnar. Addysg gwbl Seisnig oedd honno. Ei delfryd oedd yr hyn a gynigid yn ysgolion bonedd mawr Lloegr, Eton a Harrow a'u tebyg, a rhoddid cryn fri ar wladgarwch Seisnig, ar y fyddin a'r llynges ac ar ymarferion milwrol i'r bechgyn. Yr oedd 'Sandy', fel y galwai ei gyfoedion ef, yn un o sêr cymdeithas ddadlau'r ysgol ac yn ystod y flwyddyn 1910–11, ef oedd golygydd ei chylchgrawn. Ymddengys bod peth tyndra rhwng ei fywyd yn yr ysgol a'i fywyd gartref lle, diau, mai'r pynciau trafod oedd y capel a'i bregethwyr, cynnydd Rhyddfrydiaeth a champau'r gwleidydd o Gymro, David Lloyd George, a ddaeth yn Ganghellor y Trysorlys ym 1908. Gwaharddai Lodwig Lewis unrhyw sgwrsio yn Saesneg yn y tŷ, a gwnâi hynny hi'n anodd i 'Sandy' wahodd ei gyfeillion ysgol yno. Cymraeg hefyd oedd

Davies, and their two sons: George M Ll Davies, who later became a prominent pacifist and J Glyn Davies, who became Professor of Celtic Studies at the University of Liverpool and the author of two collections of songs, *Cerddi Huw Puw* and *Cerddi Porthdinllaen*. Owen Thomas went there often for Sunday lunch and tea. In May 1888, three years before his death, he was presented with a 'descriptive address' and a testimonial of £1,400 as a mark of the nation's appreciation of his labours. That sum today, measured by the rise in the Retail Price Index alone, would be worth more than £100,000.

Many years later, in a review published in the *Western Mail*, 21 August 1965, of *Hanes Bywyd John Glyn Davies* ('The Story of John Glyn Davies's Life') by Davies's widow, Hettie, Saunders Lewis wrote:

> I remember Glyn Davies's mother well. In the years of her widowhood and old age she used to come to our house for tea two or three times a year. She was quite tall, always dressed in black, quite the grande dame with the aura of her past about her ... During the period of their success [she and her husband] belonged to the high *bourgeoisie* of Princes Road and the business community of Liverpool.

With such a background as this, it is no wonder that it was at the private grammar school in Liscard, Wallasey, that Saunders Lewis received his early education. It was an entirely English education. Its ideals were the same as those offered in the large public schools of England, Eton and Harrow and the like, and there was much emphasis on English patriotism, the army and the navy, and military drills for the boys. 'Sandy', as his school-friends knew him, was one of the stars of the school's debating society and, in the academic year 1910–11, was editor of the school magazine. It seems that there was some tension between his school life and his home life where the conversation would probably have turned around the chapel and its preachers, the rise of Liberalism and the achievements of

iaith y capel ac iaith y gymdeithas y trôi'r teulu ynddi, a threuliai Saunders Lewis wyliau'r haf gyda theulu cwbl Gymraeg ei fam ar fferm yn Sir Fôn. Yn ôl ei dystiolaeth ef ei hun, fodd bynnag, y 'cwbl o ddarllen Cymraeg a wnes i yn y cyfnod pan oeddwn i'n fachgen ysgol oedd y Beibl a'r Llyfr Emynau ac esboniadau ar gyfer yr Ysgol Sul'. Mae'n dra amlwg fod cefndir Saesneg, dosbarth canol yr ysgol yn gryfach dylanwad ar ei fachgendod na'r cefndir Cymraeg, gwerinol a berthynai i'r rhan fwyaf o aelodau capel ei dad yn Liscard Road.

Ar ôl gadael yr ysgol, aeth i astudio Saesneg a Ffrangeg yn fyfyriwr ym Mhrifysgol Lerpwl. Ym 1914, wedi iddo dreulio dwy flynedd yno, torrodd y Rhyfel Byd Cyntaf allan, a chan dybio, fel 'gwladgarwr Seisnig da', yn ei eiriau ef ei hun, bod gwrthsefyll ymosodiad yr Almaen ar Wlad Belg yn achos gwerth ymladd drosto, gwirfoddolodd i wasanaethu yn y fyddin, yng Nghatrawd Cyffinwyr De Cymru. Ar ôl naw mis yn filwr cyffredin yn Ffrainc, fe'i dyrchafwyd yn swyddog. Yr oedd hyn yn wahanol iawn i brofiad y rhan fwyaf o lanciau Cymraeg eu hiaith yn y Rhyfel Mawr. Eu gorfodi i ymuno â'r fyddin a gawsant hwy, ac ni ddyrchafwyd y rhelyw ohonynt o'r rhengoedd isaf. Er cael ei glwyfo yn ymladd yng ngogledd Ffrainc a cholli ei frawd ieuengaf, Ludwig, yn y gyflafan, ymddengys na fu blynyddoedd y Rhyfel yn rhai trawmatig iddo – yn wir, fe ddywedodd ef ei hun un tro mai dyna flynyddoedd gorau ei fywyd. Ym 1918 anfonwyd ef i Athen i wasanaethu fel gwarcheidwad personol i'r Prif Weinidog Eleftherios Venizelos a addawsai gefnogaeth Gwlad Groeg i ymgyrch y Cynghreiriaid yn nannedd gwrthwynebiad ffyrnig y brenin a'r bobl. Bu yno hyd derfyn y Rhyfel ac er nad oedd ei swydd, o ystyried amhoblogrwydd Venizelos, heb ei pheryglon amlwg, cafodd ddigonedd o gyfle i ddarllen a myfyrio.

Un dylanwad mawr arno fu llyfrau'r nofelydd Ffrangeg Maurice Barrès (1862–1923), ceidwadwr a militarydd a faentumiai mai dim ond pan fo dyn yn un â'i wreiddiau y gall ddatblygu ei bersonoliaeth

the Welsh politician David Lloyd George, who became Chancellor of the Exchequer in 1908. Lodwig Lewis would not tolerate any English being spoken in his house, and this made it difficult for 'Sandy' to invite his school friends there. Welsh, too, was the language of the chapel and the social life of the family, and Saunders Lewis spent the summer holidays with his mother's Welsh-speaking family on a farm in Anglesey. According to his own testimony, however, 'the only things that I read in Welsh when I was a schoolboy were the Bible, the Hymnbook and commentaries for Sunday School'. It is obvious that the school's English, middle-class ethos was a stronger influence on his boyhood than the Welsh, folksy background of the majority of the members of his father's chapel in Liscard Road.

On leaving school, Saunders Lewis went to study English and French at the University of Liverpool. In 1914, after he had spent two years there, the First World War broke out, and thinking, in his own words, as 'a good English patriot', that resisting Germany's attack on Belgium was a cause worth fighting for, he volunteered to serve in the army, in the South Wales Borderers' Regiment. After nine months as an ordinary soldier, he was promoted to be an officer. This was in stark contrast to the experience of the vast majority of Welsh-speaking youths in the Great War, who were forced to join the army and were very seldom promoted from the lowest ranks. Despite being wounded in northern France and losing his younger brother, Ludwig, in the fighting, it does not appear that the war years were traumatic for him – indeed, he once said that these were the best years of his life. In 1918 he was sent to Athens to serve as a personal guard for the Prime Minister, Eleftherios Venizelos, who had promised Greece's support for the Allies despite fierce opposition from his king and people. He remained there until the end of the war and although his post, given Venizelos's unpopularity, was not without its obvious dangers, he had plenty of time to read and to reflect.

a'i ddiwylliant. I Saunders Lewis, a'u darllenodd yn Ffrainc, nid oedd thema'r llyfrau hyn yn un newydd; adleisiai, yn hytrach, y cyngor enwog a roddasai ei dad iddo pan aeth yn fyfyriwr: 'Drychwch chi, Saunders, ddaw dim byd ohonoch chi nes dowch chi'n ôl at eich gwreiddiau'. Fe'i symbylwyd i ddechrau darllen llenyddiaeth Gymraeg. Ym 1916, pan gafodd ysbaid gartref o'r rhyfel, prynodd gopi o *Cofiant Emrys ap Iwan* (1912) gan T Gwynn Jones yn Abertawe, a dod i werthfawrogi'r modd y gosodai Emrys ei genedlgarwch Cymreig dwfn ar gefndir Ewropeaidd eang. Soniodd, mewn erthygl ym 1920 ar ysgrifau beirniadol T Gwynn Jones, am 'fywiogrwydd a phrydferthwch y traddodiad Lladin', gan grybwyll teyrngarwch newydd Barrès a'i ddilynwyr yn Ffrainc i'r un traddodiad. Gwelodd yn syth fod y traddodiad hwn yn rhywbeth a rannai Cymru, oherwydd y dylanwadau a fu arni yn y cyfnod cyn y Diwygiad Protestannaidd, â gwareiddiad gorllewin Ewrop. Yr oedd yn hŷn traddodiad na dim a ddaethai o Loegr.

Dylanwad arall arno fu llenyddiaeth Eingl-Wyddelig. Yr oedd eisoes, pan oedd yn yr ysgol yn Wallasey, wedi darganfod gweithiau W B Yeats, J M Synge a Padraic Colum, a ddangosodd iddo 'beth oedd gwladgarwch ac ysbryd cenedl'. Dwysawyd yr ymwybyddiaeth hon ynddo gan Wrthryfel y Pasg 1916 yn Iwerddon a dienyddio'r arweinwyr, yn enwedig Pádraig Pearse (a alwodd yn 'sant a gweledydd'), gan yr awdurdodau Prydeinig. Yr oedd, gyda T Gwynn Jones, ymhlith y Cymry prin a ddangosodd unrhyw gefnogaeth i'r Gwrthryfel.

Dychwelodd Saunders Lewis o'r Rhyfel Mawr ym 1918, felly, i gwblhau ei gwrs gradd ym Mhrifysgol Lerpwl, yn genedlaetholwr o Gymro. Sut Gymru oedd y Gymru y bwriadai ei gwasanaethu?

Yr oedd y Gymru a ddaeth allan o gyflafan y Rhyfel Byd Cyntaf yn lle gwahanol iawn i hen Gymru Ryddfrydol a hyderus obeithiol blynyddoedd cynharaf yr ugeinfed ganrif, a'i breuddwyd

A major influence on him was the work of the French novelist Maurice Barrès (1862–1923), a conservative militarist who maintained that people can only develop their personality and culture when they are at one with their roots. The theme of these novels was not new to Saunders Lewis, who read them in France; in fact, they echoed the famous piece of advice his father had given him when he was a student: 'Look here, Saunders, nothing will come of you until you come back to your roots'. He was inspired to start reading Welsh literature. In 1916, when he was on leave from war duties, he bought a copy of *Cofiant Emrys ap Iwan* ('The Biography of Emrys ap Iwan', 1912) by T Gwynn Jones in Swansea, and came to appreciate the way in which Emrys placed his deep Welsh patriotism in a wide European setting. In an article published in 1920 on the literary criticism of T Gwynn Jones, Saunders Lewis spoke of the 'vitality and beauty of the Latin tradition', and referred to the new loyalty of Barrès and his followers in France to that tradition. He immediately realized that Wales, on account of the influences on the country before the Protestant Reformation, shared this tradition with Western European civilization. It was older than any tradition that had come from England.

Another major influence was Anglo-Irish literature. At school in Wallasey, he had already discovered the works of W B Yeats, J M Synge and Padraic Colum, who had shown him 'the meaning of patriotism and the spirit of a nation'. His awareness of these things was deepened by the Easter Rising in Ireland in 1916 and the subsequent execution of its leaders, particularly Pádraig Pearse (whom he called a 'saint and a seer'), by the British authorities. Together with T Gwynn Jones, he was one of the few Welsh people who gave the Rising any support.

Saunders Lewis, therefore, returned from the Great War in 1918 a Welsh nationalist. What kind of Wales was the Wales that he intended to serve?

diddig am ddyrchafu'r 'werin' y clodforwyd cymaint arni gan O M Edwards a'i debyg. Er mai cefnogwyr coalisiwn Rhyddfrydol–Toriaidd y Prif Weinidog, David Lloyd George, oedd mwyafrif yr Aelodau Seneddol Cymreig a etholwyd yn Etholiad Cyffredinol 1918, fe etholwyd hefyd ddeg aelod Llafur. Wynebai'r wlad gyfnod hir o ddirwasgiad a diweithdra a diboblogi. Erbyn Etholiad 1922, yr oedd y Blaid Lafur wedi ennill mwy na hanner y seddau seneddol yng Nghymru, gan gychwyn degawdau maith o lwyr oruchafiaeth ym myd gwleidyddiaeth Gymreig. Ym myd crefydd, er bod grym mawr o hyd gan y sefydliad anghydffurfiol – daeth Deddf Datgysylltu'r Eglwys yng Nghymru, a basiwyd ym 1914 ond a ohiriwyd oherwydd y Rhyfel, i rym ar 31 Mawrth 1920 – a bod o hyd bwyslais ar ddirwest a phwyslais newydd ar heddychaeth, yr oedd yr ysgrifen ar y mur i Anghydffurfiaeth hefyd. Dywedodd y bardd Gwenallt amdano'i hun a'i gymrodyr ifainc yn y cyfnod hwn, 'Yr oedd Marcsiaeth i ni yn llawer gwell efengyl na Methodistiaeth, Efengyl oedd hi; crefydd a chrefydd gymdeithasol, ac yr oeddem yn barod i fyw drosti, i aberthu drosti, ie, a marw er ei mwyn, ond ni chodem fys bach dros Galfiniaeth'. Un nodwedd ar Farcsiaeth yw nad oes a wnelo ddim â ffiniau cenedlaethol; perthyn i'r dosbarth gweithiol frawdgarwch sy'n trosgynnu pethau o'r fath. Ni roddai'r gredo hon, felly, unrhyw werth ar na chenedl nac iaith y Cymry. Yn wir, o safbwynt y llywodraeth yn Lloegr yr oedd y pethau hyn wedi peidio â bod. Prawf o hynny oedd mai Saesneg bellach oedd iaith nid yn unig llywodraeth a masnach ac addysg yng Nghymru ond hefyd gydwladoldeb neu gosmopolitaniaeth dosbarth gweithiol y mudiad Llafur newydd.

Er bod newid yn y gwynt yn y byd llenyddol hefyd – myn rhai mai pryddest 'Y Ddinas', T H Parry-Williams, a enillodd y Goron yn yr Eisteddfod Genedlaethol ym Mangor ym 1915, yw'r gerdd fodern gyntaf yn y Gymraeg – am y tro daliai'r rhan fwyaf o'r beirdd i ganu

The Wales that emerged from the slaughter of the First World War was a very different place from the Liberal, confident and hopeful Wales of the early years of the twentieth century, with its pipe dream of promoting the 'gwerin' (ordinary people) who had been so eulogized by the educational pioneer O M Edwards and others. Although the majority of Welsh Members of Parliament elected in the 1918 General Election supported Prime Minister David Lloyd George's Liberal–Conservative Coalition, ten Labour members were also elected. The country faced a long period of depression, unemployment and depopulation. In the 1922 Election the Labour Party won more than half the parliamentary seats in Wales, marking the beginning of decades of complete domination over Welsh politics. With regard to religion, although the Nonconformist establishment was still very powerful – the Welsh Church Act, passed in 1914 but postponed because of the war, to disestablish the Church in Wales came into force on 31 March 1920 – and there was still much emphasis on temperance and a new emphasis too on pacifism, the writing was also on the wall for Nonconformity. The poet Gwenallt said of himself and his young contemporaries at the time, 'Marxism was for us a far better gospel than Methodism, and it was a gospel – a religion, and a social religion, and we were ready to live for it, to make sacrifices for it, yes, and to die for it, but we would not raise a finger in support of Calvinism'. One characteristic of Marxism is that it has nothing to do with national boundaries – the working-class brotherhood transcends such things. Therefore, it valued neither the Welsh nation nor the Welsh language. Indeed, from the English government's viewpoint, these things had ceased to exist. Proof of this lay in the fact that English was by now the language not only of government, commerce and education in Wales but also of the working-class internationalism or cosmopolitanism of the new Labour movement.

yn y dull telynegol rhamantaidd a gymeradwywyd gan John Morris-Jones yn ei gyfrol *Cerdd Dafod* (1907) ac a gyrhaeddodd ei benllanw yn awdl 'Yr Haf', R Williams Parry (1910). Hyd yn oed ym 1931, yn ei Ragymadrodd i'w gyfrol *Y Flodeugerdd Gymraeg*, daliai W J Gruffydd i fynnu mai 'hiraeth yw testun pob prydyddiaeth, neu o leiaf y brydyddiaeth honno a elwir gennym yn rhamantus', a thelynegwyr melys megis Wil Ifan a Chrwys a'u cyffelyb oedd beirdd poblogaidd y cyfnod.

Erbyn 1933 byddai Saunders Lewis wedi ymwrthod â phob un o safbwyntiau cyffredin ei gydwladwyr ac wedi torri ei gŵys gwbl unigryw ei hun. Byddai ei fyfyrdod ar lenyddiaeth Gymraeg wedi ei arwain i wrthod sosialaeth ac anwesu cred yn y math o uchelwriaeth neu bendefigaeth a gynhyrchodd y farddoniaeth Gymraeg orau erioed, yn ei dyb ef, sef gwaith cywyddwyr y bymthegfed ganrif. Byddai wedi cefnu ar Fethodistaidd Galfinaidd ei dadau ac wedi troi, gyda'i wraig, Margaret Gilcriest, merch o dras Wyddelig, ond a faged yn Weslead, a briododd ar 31 Gorffennaf 1924, i fod yn aelod o Eglwys Rufain. Er iddo fynnu, mewn cyfweliad radio ag Aneirin Talfan Davies a gyhoeddwyd yn *Taliesin*, Nadolig 1961, iddo droi'n 'Gatholig am un rheswm enbyd o syml, fy mod i'n meddwl mai yn offeren yr Eglwys Gatholig y mae Duw yn cael ei addoli fel y dylai ef gael ei addoli gan ddynion', mae'n deg nodi mai i Eglwys Rufain y perthynai Cymru'r bymthegfed ganrif, pan gyrhaeddodd ei llenyddiaeth, yn ei farn ef, binacl ei chelfyddyd. Mae'n deg nodi hefyd bod troi at Eglwys Rufain yn dipyn o ffasiwn ymhlith deallusion Saesneg y cyfnod – yn eu plith y bardd G K Chesterton (1922), y nofelydd Graham Greene a'r arlunydd Graham Sutherland (1926), y cyfansoddwr Lennox Berkeley (1928), a'r nofelydd Evelyn Waugh (1930). Derbyniwyd Saunders Lewis yn aelod ar 16 Chwefror 1932.

Nid oedd heddychaeth na'r mudiad dirwest ychwaith yn bethau a apeliai ato ef. Ni bu erioed yn heddychwr – yr oedd yr addysg a

Change was in the air in the literary world as well – some people claim that T H Parry-Williams's poem 'Y Ddinas' ('The City'), which won the Crown at the National Eisteddfod at Bangor in 1915, is the first modern poem in the Welsh language – but most Welsh poets still continued to write in the lyrical, romantic mode commended by John Morris-Jones in his *Cerdd Dafod* ('The Art of Poetry', 1907), which reached its high-water mark in R Williams Parry's *awdl* (strict-metre ode), 'Yr Haf', (1910). Even in 1931, in his Preface to his *Y Flodeugerdd Gymraeg* ('Anthology of Welsh Verse'), W J Gruffydd was still asserting that 'hiraeth (longing) is the subject of all poetry, or at least that poetry which we call romantic', and the popular poets of the period were sweet lyricists such as Wil Ifan and Crwys and their ilk.

By 1933 Saunders Lewis had rejected every single viewpoint commonly held by his fellow countrymen and was ploughing his own unique furrow. His reflection on Welsh literature had led him to reject socialism and embrace a belief in the type of nobility or aristocracy that had produced what was, in his opinion, the best poetry ever written in the Welsh language, the poetry of the fifteenth-century *cywyddwyr* (poets who wrote in the *cywydd* metre). He had turned his back on the Calvinistic Methodism of his forefathers and both he and his wife had become members of the Roman Catholic Church. Margaret Gilcriest was of Irish descent but had been brought up as a Wesleyan Methodist; she and Saunders Lewis were married on 31 July 1924. Although he insisted in a radio interview with Aneirin Talfan Davies, published in *Taliesin*, Christmas 1961, that he had become a 'Catholic for one awfully simple reason, that I thought that it was in the Catholic mass that God is worshipped as he ought to be worshipped by men', it should be remembered that Wales belonged to the Roman Catholic Church in the fifteenth century at the time when, according to Saunders Lewis, its literature reached the pinnacle of its artistic merit. And it was something of a fashion among English

gawsai yn ysgol Liscard a'i brofiadau wedyn yn y fyddin wedi ennyn ynddo barch dwfn at filwriaeth. Mewn Cymru dlawd, a chul yn aml, a dirwestol ei thueddiadau, byddai hefyd yn ymhyfrydu yn ei hoffter o fwydydd bras a gwin. Ystyrier, er enghraifft, y darn a ganlyn a gyfieithwyd allan o erthygl amdano yn *Saunders Lewis, ei feddwl a'i waith* (1950) gan ei gyfaill Percy Mansell Jones, Athro Ffrangeg Coleg Prifysgol Gogledd Cymru, Bangor, o 1937 hyd 1951:

> Byddai dewis fy ngwesteiwr, pan fedrai fforddio ymblesera, yn cyffwrdd ag uchelfannau'r diwylliant tyfu gwinwydd yn Ffrainc, y bordeaux a botelwyd yn y château (gyda hoffter arbennig o Haut-Brion a heb ddim gwrthwynebiad i wydryn o *pourriture noble* gyda'r pwdin), y bwrgwndïau grymus a chynifer o'r *crus* lleol, y gwinoedd byrhoedlog goeth hynny, ag y gellid eu cymell i groesi'r sianel heb eu hamharu. Dim ond wrth ei fwrdd ef, i amrywio pethau o ran cenedl, y deuthum ar draws hock o Johannesburg neu (i droi'n ôl at Ffrainc) y bûm yn sipian Montrachet yn ei anterth; llwyddodd i gadw llawer i Vouvray, *pétillant* a di-lol, yn oer a dianaf, fel y gellid rhyddhau hanfod Touraine wrth inni hel atgofion.

Ategir hyn oll gan Saunders Lewis ei hun mewn erthygl deyrnged i Percy Mansell Jones a gyhoeddwyd yn *Taliesin*, Gorffennaf 1968.

Ym 1919 graddiodd ym Mhrifysgol Lerpwl gydag anrhydedd dosbarth cyntaf mewn Saesneg ac, yn unol â'i argyhoeddiadau newydd ynglŷn â Chymreictod, aeth ati i baratoi traethawd at radd MA ar y dylanwadau Saesneg ar waith rhai o lenorion Cymraeg y ddeunawfed ganrif – Lewis Morris, Môn (1701–65), Goronwy Owen (1723–69) a'u cymheiriaid. Cyfarwyddwr y gwaith oedd John Glyn Davies, Athro Celteg Prifysgol Lerpwl, yr ysgrifennodd taid Saunders Lewis gofiant ei daid, ond 'byr iawn a ffyrnig ffraellyd', yn ôl Saunders Lewis ei hun, fu'r berthynas rhyngddynt. Cyhoeddwyd y traethawd ym 1924, o dan y teitl *A School of Welsh Augustans*.

intellectuals in the 1920s to become Roman Catholics – among them the poet G K Chesterton (1922), the novelist Graham Greene and the artist Graham Sutherland (1926), the composer Lennox Berkeley (1928), and the novelist Evelyn Waugh (1930). Saunders Lewis was received into the Catholic Church on 16 February 1932.

Neither did pacifism or the temperance movement appeal to him. Saunders Lewis was never a pacifist – his education at Liscard school and subsequent experiences in the army had kindled within him a deep respect for soldiering. In a poor and often narrow-minded Wales, with its leaning towards temperance, he also rejoiced in his fondness of fine food and wine. Consider, for instance, the following extract from an article about him in *Saunders Lewis, ei feddwl a'i waith* ('Saunders Lewis, his thought and his work', 1950) by his friend Percy Mansell Jones, Professor of French at the University College of North Wales, Bangor, from 1937 to 1951:

> My host's choice, when he could afford to indulge, touched the summits of France's viticulture, the château-bottled bordeaux (with a partiality for Haut-Brion and no objection to a glass of *pourriture noble* over dessert), the powerful burgundies and as many of those local *crus*, those light wines of ephemeral refinement, as could be coaxed to cross the channel unimpaired. Only at his table, to vary things nationally, have I met Johannesburger hock or (to revert to France) sipped Montrachet in its prime; many a Vouvray, laconically *pétillant*, he has contrived to preserve, cool and intact, so that the essence of Touraine could be released as we reminisced.

All of this is corroborated by Saunders Lewis himself in a tribute to Percy Mansell Jones published in *Taliesin*, July 1968.

In 1919 he graduated from the University of Liverpool with first-class honours in English and, in accord with his new convictions concerning Welsh nationhood, began to prepare an MA thesis on the

'Llenyddiaeth Awgwstan' yw'r enw a roddir ar y math o lenyddiaeth Saesneg a gynhyrchwyd yn hanner cyntaf y ddeunawfed ganrif gan ysgrifenwyr megis Alexander Pope (1688–1744) a Jonathan Swift (1667–1745), ac fe'i gelwir felly oherwydd ei bod yn llenyddiaeth glasurol ei harddull sy'n dwyn ar gof oes aur y llenyddiaeth Ladin a ysgrifennwyd yn ystod teyrnasiad yr ymerawdwr Rhufeinig cyntaf, Cesar Awgwstws (27 CC–OC 14). Mewn cyfnod yng Nghymru a oedd yn parhau i ddyrchafu rhamantiaeth, mae'n arwyddocaol fod llyfr beirniadol cyntaf Saunders Lewis yn astudiaeth o waith llenorion Cymraeg a dderbyniai safonau clasuraeth, hynny yw, y dylai'r llenor anelu at ysgrifennu yn ôl rheolau traddodiadol, yn hytrach nag ar sail myfïaeth greadigol.

Ym 1921, ar ôl iddo gwblhau ei waith ymchwil yn Lerpwl, fe'i penodwyd gan Gyngor Sir Morgannwg yn llyfrgellydd cefn gwlad dan gynllun a ariennid gan Sefydliad Carnegie. I'r cyfnod hwn y perthyn ei ddrama gyntaf, a'r unig ddrama a ysgrifennodd yn Saesneg, *The Eve of St John*. Serch cnawdol yw ei thema, stori rhwng difrif a chwarae am ferch falch a phenderfynol sy'n gwerthu ei henaid i'r diafol. Fe'i hysgrifennwyd mewn Saesneg sy'n ceisio cyfleu rhythmau ac idiomau'r iaith Gymraeg, yn debyg i'r modd y mae Saesneg dramâu J M Synge yn ymgais i gyfleu rhythmau ac idiomau'r iaith Wyddeleg. Troi ei gefn ar y math hwn o ysgrifennu a wnaeth, fodd bynnag, a hynny am nad oedd yr iaith na Chymraeg na Saesneg; 'bratiaith erchyll dynion wedi colli un iaith a heb gaffael un arall' ydoedd, iaith anghoeth, ac iaith, felly, a oedd yn anfoddhaol ac yn annigonol at gyfrwng yr oedd llefaru'n brif swydd iddo. O hyn allan, yn ei waith creadigol, bwriodd ei goelbren yn llwyr o blaid y Gymraeg. Mae'n amlwg oddi wrth ei ragair i'w gyfieithiad Cymraeg, *Doctor er ei Waethaf* (1924), o gomedi enwog Molière (1622–73), *Le Médecin Malgré Lui*, mai fel arbrawf y gwelai ef y cyfieithiad hwnnw i ddatblygu Cymraeg llafar safonol, addas at anghenion y llwyfan a heb nodweddion tafodieithol.

English influences on the work of some eighteenth-century Welsh men of letters – Lewis Morris of Anglesey (1701–65), Goronwy Owen (1723–69) and their contemporaries. The thesis was supervised by John Glyn Davies, Professor of Celtic at Liverpool University, whose grandfather's biography had been written by Saunders Lewis's grandfather, but their relationship, according to Saunders Lewis, was 'very brief and ferociously quarrelsome'. The thesis was published in 1924 as *A School of Welsh Augustans*. 'Augustan literature' is the name given to the type of literature produced during the first half of the eighteenth century by writers such as Alexander Pope (1688–1744) and Jonathan Swift (1667–1745), and it is so called because it is classical in style, reminiscent of the golden age of Latin literature during the reign of the first Roman emperor, Caesar Augustus (27 BC–AD 14). At a time when romanticism was still revered in Wales, it is significant that Saunders Lewis's first book of literary criticism is a study of the work of Welsh-language writers who accepted the standards of classicism, i.e. that a writer should aim to write according to traditional rules rather than on the basis of personal egotism.

In 1921, on the completion of his research at Liverpool, Saunders Lewis was appointed by Glamorgan County Council as rural librarian under a scheme financed by the Carnegie Foundation. To this period belongs his first play, and the only play he ever wrote in English, *The Eve of St John*. Its theme is sexual love, a story not to be taken too seriously about a proud and determined young woman who sells her soul to the devil. It was written in a type of English that tried to convey the rhythms and idioms of the Welsh language, similar to the way in which the English in the plays of J M Synge attempts to convey the rhythms and idioms of Irish. Saunders Lewis turned his back on this type of writing, however, because such a language was neither English nor Welsh; it was 'the horrible jargon of men who have lost one tongue without acquiring another', an

Ym 1922 fe'i penodwyd gan Henry Lewis, pennaeth Adran Gymraeg Coleg newydd Prifysgol Cymru yn Abertawe, yn ddarlithydd yn yr adran, a bu'r blynyddoedd nesaf yn rhai cynhyrchiol iawn iddo ym maes beirniadaeth lenyddol. Cyhoeddodd y pamffledyn *An Introduction to Contemporary Welsh Literature* (1926), dwy astudiaeth o weithiau *Ceiriog* (1929) a *Daniel Owen* (1936) i gychwyn cyfres o dan y teitl 'Yr Artist yn Philistia', ac astudiaeth o waith *Ieuan Glan Geirionydd* (1931), ond ei lyfrau pwysicaf, yn ddiau, oedd ei astudiaeth o *Williams Pantycelyn* (1927) a'i gyfrol *Braslun o Hanes Llenyddiaeth Gymraeg* (1932). Gwelodd ym Mhantycelyn (1717–91) un o sylfaenwyr y mudiad Rhamantaidd, un a ysgrifennai yn yr un cyfnod ag y rhoddodd Jean-Jacques Rousseau (1712–78) fynegiant athronyddol i'r un dueddfryd. Ond aderyn dieithr ym maes llenyddiaeth Gymraeg oedd Williams. Gwnaeth ef brofiadau'r enaid yn brif ddeunydd barddoniaeth, a hynny'n gwbl groes i holl ddamcaniaeth lenyddol Cymru ers yr Oesoedd Canol, sef mai pwrpas llenyddiaeth oedd 'gosod trefn lwyr a chytgord ar air a sain, eu troi'n simbolau cyfundrefn athronyddol gyfan a diddamwain, ac felly'n gerdd ddisgybledig a ddiddanai a bodloni cymdeithas'. Thema ganolog y *Braslun o Hanes Llenyddiaeth Gymraeg* yw na ellir deall llenyddiaeth Gymraeg yr Oesoedd Canol heb ddeall hefyd syniadau athronyddol y cyfnod. Fel yr ysgrifennodd mewn erthygl bwysig ar Ddafydd Nanmor (bl. *c.*1450–90) yn *Y Llenor*, 1925:

> Catholig ... i'r gwraidd, ac i'r ddaear oddi tanodd, oedd holl hen fywyd a diwylliant Cymru, a dyna fur uchel iawn rhyngom a hwy. At hynny, ffurf aristocrataidd a fu erioed ar gymdeithas yng Nghymru Gymreig, ond fe gred y Cymry heddiw mai gormes ar werin a thlawd yw pendefigaeth ... a dyna braw digonol mor anodd fyddai i'r cyfryw gredinwyr ddeall ein hen wareiddiad.

unrefined language and, therefore, unsatisfactory and insufficient for a medium that depended on speech. From now on in his creative work he threw in his lot entirely in favour of the Welsh language. It is obvious from his introduction to his Welsh translation, *Doctor er ei Waethaf* (1924), of the famous comedy by Molière (1622–73), *Le Médecin Malgré Lui*, that he considered the translation to be an experiment in developing a standard spoken Welsh, appropriated for stage use and free of dialect.

In 1922 Saunders Lewis was appointed by Henry Lewis, head of the Department of Welsh in the new University of Wales College at Swansea, to be a lecturer in the department, and the subsequent years proved to be very productive for him in the field of literary criticism. He published a pamphlet entitled *An Introduction to Contemporary Welsh Literature* (1926), a study of the works of *Ceiriog* (1929) and *Daniel Owen* (1936) to begin a series under the general title 'Yr Artist yn Philistia' ('The Artist in Philistia'), and a study of the work of *Ieuan Glan Geirionydd* (1931), but his most important books, undoubtedly, were his studies of *Williams Pantycelyn* (1927) and his *Braslun o Hanes Llenyddiaeth Gymraeg* ('An Outline of the History of Welsh Literature', 1932). In Pantycelyn (1717–91) he saw one of the founders of the Romantic movement, a writer contemporary with Jean-Jacques Rousseau (1712–78), who gave philosophical expression to the same ideal. But Williams was a strange phenomenon in the field of Welsh literature. He made the experiences of the soul the main source of his poetry, contrary to all literary theory in Wales since the Middle Ages, which had consistently maintained that the purpose of literature was 'to impose a complete order and harmony on word and sound, to turn them into symbols of a complete and considered philosophical system, and thus into a disciplined poem that entertained and satisfied society'. The central theme of *Braslun o Hanes Llenyddiaeth Gymraeg* is that one cannot understand the

Yr oedd hi'r un mor anodd i werin gwlad ddeall neges ei ddrama Gymraeg gyntaf, *Gwaed yr Uchelwyr* (1922), lle y mae'r arwres, Luned, merch falch a phenderfynol arall, fel Megan yn *The Eve of St John*, yn gwrthod achub fferm y teulu trwy briodi mab y sgweier sy'n bygwth eu troi allan ac yn dewis, yn hytrach, bod yn 'lleian dros fy ngwlad'. I'r rhan fwyaf o'r rhai a welodd y ddrama yn ugeiniau'r ganrif ddiwethaf, yr oedd penderfyniad o'r fath yn gwbl annealladwy – y mae Luned yn troi heibio'r cyfle i achub etifeddiaeth a bywoliaeth ei theulu ac ar yr un pryd i sicrhau priodas gysurus iddi ei hun. Ond i Luned, er ei bod yn caru mab y sgweier, priodi heb anrhydedd fyddai priodi o gymhelliad y gellid ei ddehongli gan eraill yn gymhelliad bydol. Esbonnir i'r fferm unwaith fod yn eiddo i'w theulu cyn i'r sgweier drwg ei ddadfeddiannu. Y mae Luned, felly, yn ferch o uchel dras, a dyna paham y gall benderfynu rhoi anrhydedd o flaen mantais bersonol. Yng ngeiriau ei thad, 'Gwaed yr uchelwyr sydd ynot ti, fy merch'. Y neges yw mai eu gwaedoliaeth sy'n penderfynu sut y bydd pobl yn ymateb mewn argyfwng. Mewn erthygl yn *Y Faner* ym 1924 dywedodd Saunders Lewis mai ymgais yw *Gwaed yr Uchelwyr* i ailadrodd ar gefndir Cymreig nofel Maurice Barrès, *Colette Baudoche* (1908), lle y mae'r arwres o Ffrances yn rhanbarth Alsace-Lorraine, a feddiannwyd gan yr Almaenwyr, yn torri ei dyweddïad ag Almaenwr ar ôl dod i werthfawrogi ei threftadaeth Ffrengig. Flynyddoedd yn ddiweddarach, ym 1950, mewn erthygl arall yn *Y Faner*, ysgrifennodd mai 'problem yn null Corneille, sef gwrthdrawiad rhwng serch a ffyddlondeb teuluaidd' yw thema'r ddrama. 'Soffocles, Corneille a Racine,' meddai, 'hwy yw fy meistri i' – Soffocles yn ddramodydd Groeg o'r bumed ganrif cyn Crist a Corneille a Racine yn ddramodwyr Ffrengig clasurol o'r ail ganrif ar bymtheg.

Ym 1930 achosodd cyhoeddi ei nofel gyntaf, *Monica*, gryn gyffro yn y Gymru Gymraeg, yn bennaf am mai ymdriniaeth ydyw â chwant

Welsh literature of the Middle Ages without understanding the philosophical ideas of the age. As he wrote in an important article on the poet Dafydd Nanmor (fl. *c*.1450–90) in *Y Llenor*, 1925:

> all the old life and culture of Wales were Catholic to the root, and to the ground beneath, and that puts a very high wall between them and us. Moreover, society in Welsh Wales has always been aristocratic, but the Welsh people of today believe that aristocracy is an oppression on a poor peasantry ... and that is sufficient proof how difficult it is for those who believe such things to understand our ancient civilization.

It was equally difficult for ordinary Welsh people to understand the message of his first play in Welsh, *Gwaed yr Uchelwyr* ('Noble Blood', 1922), where the heroine, Luned, another proud and determined young woman, like Megan in *The Eve of St John*, refuses to save the family farm by marrying the squire's son, and chooses instead to be 'a nun for my country'. To the majority of Welsh audiences in the 1920s, such a decision was entirely unintelligible – Luned sets aside a chance to save her family's heritage and living and, at the same time, to secure a comfortable marriage for herself. But, although she is in love with the squire's son, for Luned a marriage motivated by what others might regard as worldly considerations would be a dishonourable one. It is explained that the farm once belonged to her family before the evil squire evicted them. Luned, therefore, is a woman of noble birth, and this is why she can decide to put honour before personal gain. In her father's words, 'It is your aristocratic blood, my girl'. The message is that it is their lineage that decides how people will respond in a crisis. In an article in *Y Faner* in 1924 Saunders Lewis said that *Gwaed yr Uchelwyr* is an attempt to retell in a Welsh context Maurice Barrès's novel *Colette Baudoche* (1908), where the heroine, a young French woman in the province

rhywiol. Mae Monica wedi hudo dyweddi ei chwaer a'i briodi. Rhyw, yn ei thyb hi, yw'r unig gwlwm rhwng gŵr a gwraig. Felly, pan gaiff ei bod yn feichiog a bod yn rhaid ymatal rhag rhyw am gyfnod, daw iselder ysbryd drosti. Mae'n cymryd yn erbyn y plentyn yn ei chroth ac nid yw'n codi o'i gwely. Y mae ei gŵr yn treulio noson gyda phutain ac, o ganlyniad i hynny, yn dal clefyd gwenerol. Daw'r nofel i ben gyda Monica yn ei gorfodi ei hun i grwydro o'r naill syrjeri meddyg i'r llall i chwilio amdano, nes llewygu ohoni o'r diwedd ar riniog un ohonynt. Neges sylfaenol y nofel yw nad yw rhyw ynddo'i hun yn sylfaen ddigonol i briodas. Fel y dywedodd Kate Roberts amdani mewn erthygl ar ei ryddiaith yn *Saunders Lewis, ei feddwl a'i waith*:

> Galwyd hi'n nofel anfoesol gan rai, eithr nofel foesol iawn ydyw ... dangosir fel y ffurfir tynged drist cymeriad na chododd ei bywyd uwchlaw 'lefel lluniau hysbysebu sebon' a chnawdolrwydd heb finiogrwydd dychymyg nag ymdeimlad o'r ysbrydol ... gwau ffawd dynes na fedrai godi uwchlaw syrffed serch at ddim uwch, nac edrych allan at ddim iachach.

Yn bryfoclyd ddigon, cyflwynwyd y nofel 'i goffadwriaeth Williams Pantycelyn, unig gychwynnydd y dull hwn o sgrifennu'. Yn ôl y bwriad, y mae'n debyg, fe gododd y cyflwyniad hwn wrychyn sawl un yng Nghymru, ac eto, fel y dywedodd J Gwyn Griffiths mewn erthygl yn *Gwŷr Llên* (1947), 'ar y *Ductor Nuptiarum neu Gyfarwyddwr Priodas* Pantycelyn y seiliwyd *Monica*'. Fersiwn cyfoes yw cymeriad Monica o Martha Pseudogam Pantycelyn, a briododd ei gŵr oherwydd serch cnawdol ac 'i roi cyflawn wledd i'r wŷn uffernol ag oedd ym mêr fy esgyrn ... ond hi ... a aeth heibio fel ffagl o dân mewn gwellt, ac felly fe'm siomwyd yn hollol yn holl bleserau cig a gwaed'.

Mae'n amlwg iawn fod y darlithydd ifanc yn Adran y Gymraeg Coleg Abertawe yn cael blas i'w ryfeddu ar ei waith fel llenor

of Alsace-Lorraine, that has been occupied by the Germans, breaks her engagement to a German after coming to appreciate her French heritage. Years later, in 1950, in another article in *Y Faner*, he wrote that the play's theme is a 'problem after the manner of Corneille, a conflict between love and family loyalty'. 'Sophocles, Corneille and Racine,' he wrote, 'these are my masters.' Sophocles was a Greek playwright from the fifth century BC. Corneille and Racine were classical French playwrights of the seventeenth century.

In 1930 the publication of his first novel, *Monica*, caused much controversy in Welsh Wales, mostly because it dealt with sexual lust. The main character, Monica, has seduced and married her sister's fiancé. In her opinion, the only bond between husband and wife is sex. Therefore, when she falls pregnant and has to abstain from sex for a while, she becomes depressed. She resents the child in her womb and refuses to get out of bed. Her husband spends a night with a prostitute and catches a venereal disease. The novel ends with Monica forcing herself to wander from clinic to clinic looking for him until, finally, she faints on the doorstep of one of them. The novel's basic message is that sex in itself is not a sufficient basis for marriage. As Kate Roberts observed in an article on his prose works in *Saunders Lewis, ei feddwl a'i waith*:

> Some have called it an immoral novel, but it is a very moral novel ... it shows the sad fate that befalls a character whose life has not risen above 'the level of soap advert pictures' and depicts sensuality without the insight of imagination or any awareness of the spiritual ... it spins the fate of a woman who cannot rise above a surfeit of sex to anything higher, nor look to anything healthier.

Provocatively, the novel is dedicated 'to the memory of Williams Pantycelyn, the instigator of this kind of writing'. As most likely

ac academydd. Yr oedd ei holl ddull yn newydd ac effro. Ef, er enghraifft, oedd y cyntaf i gymhwyso beirniadaeth lenyddol at lenyddiaeth Gymraeg. Cyn hyn, aethai holl egni staff adrannau Cymraeg Prifysgol Cymru i'r gwaith cwbl angenrheidiol o ddarparu testunau dibynadwy o glasuron yr iaith, ac ni roddasai neb fawr o sylw i'w crefft na'u hathroniaeth, heb sôn am osod yr athroniaeth honno mewn cyd-destun Ewropeaidd. Fel llenyddiaeth gwerin dlawd o Anghydffurfwyr crefyddol y gwerthfawrogid llenyddiaeth Gymraeg. Y rhyfeddod oedd ei bod yn bodoli o gwbl, a doniau cynhenid y werin bobl – disgynyddion 'anwariad nobl' Rousseau a'r rhamantwyr – oedd yn gyfrifol am hynny. Yn ôl Saunders Lewis, fodd bynnag, llenyddiaeth aristocrataidd oedd llenyddiaeth Gymraeg yn ei hanfod, a llenyddiaeth Gatholig a oedd yn rhan o brif ffrwd llenyddiaeth Ewrop. A dyfynnu eto o'i erthygl ar Ddafydd Nanmor: 'heb ddwfn werthfawrogi'r pethau hyn, sef traddodiad mewn meddwl a chelfyddyd, Cristnogaeth Gatholig, a chymdeithas aristocrataidd, a phethau eraill, ni ellir caru llenyddiaeth Gymraeg y cyfnodau Cymreig yn ddigon llwyr i fyw arni a'i derbyn yn dref-tad ac yn faeth i'r ysbryd'.

Yn unol â'r weledigaeth hon, yr oedd ef ei hun wedi cefnu ar Anghydffurfiaeth ei dadau, a'i phwyslais ar ymwrthod â phleserau'r byd ac ar heddychaeth ac wedi troi at Eglwys Rufain. Yr oedd yn gyfarwydd â gwinoedd da'r Cyfandir, yn gwerthfawrogi safonau milwriaeth ac yn barod i drafod pynciau tabŵ megis chwant rhywiol. Dyma aderyn dieithr iawn yn ffurfafen llenyddiaeth ac ysgolheictod Cymraeg. Yng ngeiriau R Williams Parry yn ei soned iddo:

> Disgynnaist i'r grawn ar y buarth clyd o'th nen,
> Gan ddallu â'th liw y cywion oll a'r cywennod.

Mewn Cymru ymneilltuol, werinol a sosialaidd, dyma un a gofleidiai Gatholigiaeth, elitiaeth ac aristocratiaeth. Mewn Cymru

intended, the dedication infuriated several people in Wales, and yet, as J Gwyn Griffiths observed in *Gwŷr Llên* ('Men of Letters', 1947), '*Monica* is founded upon Pantycelyn's *Ductor Nuptiarum neu Gyfarwyddwr Priodas* ('Marriage Guide')'. Monica is a modern version of Pantycelyn's Martha Pseudogam, who married for sensual love and 'to give a complete feast to the hellish ache in the marrow of my bones ... but the feast ... vanished like a blaze in straw, and thus was I entirely disappointed in all the pleasures of flesh and blood'.

It is obvious that the young lecturer in the Department of Welsh at University College, Swansea, was enjoying his work as a writer and academic. His whole method was new and exciting. For example, he was the first to apply literary criticism to literature in the Welsh language. Hitherto, all the energies of the staff of the departments of Welsh at the University of Wales had been spent on the necessary work of providing dependable texts of some of the language's classics. Nobody had given much attention to the artistic merit of these works or to their philosophy, let alone placing that philosophy in a European context. Welsh literature was appreciated as the product of a poor, nonconformist peasantry. It was surprising that it existed at all, and it owed that existence to the inherent gifts of the peasant people – the descendants of Rousseau's 'noble savage'. According to Saunders Lewis, however, Welsh literature was in essence an aristocratic literature, and a Catholic literature that belonged to the main stream of European literature. To quote again from his article on Dafydd Nanmor: 'without a deep appreciation of these things, a tradition in thought and art, Catholic Christianity, an aristocratic society and other things, one cannot love the Welsh literature of the Welsh ages well enough to live on it and to accept it as heritage and sustenance for the soul'.

In accord with this vision, he himself had rejected his forefathers' Nonconformity, with its emphasis on the denial of worldly pleasures

ramantaidd ei thueddfryd lenyddol, dyma glasurwr o argyhoeddiad. Ac eto y mae yma eironi. Yn union fel y dychmygodd yr arch-ramantydd hwnnw T Gwynn Jones ryw arallfyd Celtaidd delfrydol y gallai ymgilio iddo o'i ddolur, ni ellir peidio â theimlo weithiau nad oes elfen gref o ramantu yn Saunders Lewis yntau wrth iddo ddilyn mor ddiwyro ei weledigaeth o safonau Catholig a chlasurol llenyddiaeth Gymraeg yr Oesoedd Canol, ac o'r Cymry fel cenedl aristocrataidd – mai rhyw ddihangfa oedd hyn i gyd 'i fyw arni', a dyfynnu allan o'r paragraff uchod, yn nannedd rialiti cyffredin a diflas bywyd yng Nghymru rhwng y ddau Ryfel Byd, ac mai rhyw sifalri anturus oedd dilyn, yn arwrol a chreadigol, ofynion ei weledigaeth ei hun, gan wrthod arferion a chredoau ac, yn wir, foesau cymdeithas ei gyfnod. Os felly, clasurwr wrth broffes neu beidio, rhamantydd digamsyniol oedd Saunders Lewis wrth reddf – ymgorfforiad, yn wir, nid yn unig yn ei waith ond yn ei holl fywyd, o ddelfrydau rhamantiaeth Gymraeg diwedd y bedwaredd ganrif ar bymtheg a dechrau'r ugeinfed, ei gwrthryfel yn erbyn cyffredinedd a'i phwyslais ar deyrngarwch yr unigolyn i'w welediad moesol.

and on pacifism, and had turned to the Roman Catholic Church. He was familiar with the good wines of the Continent, appreciated military standards and was ready to address taboo subjects such as sexual desire. Here was a very strange bird indeed in the firmament of Welsh literature and scholarship. As R Williams Parry observes in his sonnet to him:

> You came down from your sky to the grain on the cosy yard,
> Blinding with your colour the chickens and all the pullets.

In a nonconformist, proletarian and socialist Wales, here was one who embraced Catholicism, elitism and aristocracy. In a Wales where there was a strong literary bias towards romanticism, here was a classicist of conviction. And yet there is an irony here. Just as that arch-romanticist T Gwynn Jones imagined some ideal Celtic otherworld to which he could retreat from his woes, one cannot but feel at times that there is a strong element of romanticism in Saunders Lewis also as he pursues so steadfastly his vision of the Catholic and classical standards of medieval Welsh literature and of the Welsh people as an aristocratic nation. It could be argued that all this was some kind of escape 'to live on', in the face of the common and dreary reality of life in Wales between the two World Wars, and that it was an adventurous chivalry to follow, heroically and creatively, the demands of his vision, rejecting the creeds and practices, and indeed the morals, of his age. If so, classicist by profession or not, Saunders Lewis was by instinct an unmistakeable romanticist – an embodiment, in fact, not only in his work but in his whole life, of the Welsh romantic ideal of the end of the nineteenth and the beginning of the twentieth centuries, its rebellion against mediocrity and its emphasis on the individual's loyalty to his moral vision.

Gwleidydda

MEWN ERTHYGL o dan y teitl 'Lle pyncid cerddi Homer', a gyhoeddwyd gyntaf yn ei golofn 'Cwrs y Byd' yn *Baner ac Amserau Cymru* a'i hailgyhoeddi yn *Ysgrifau Dydd Mercher* (1945), maentumia Saunders Lewis mai i fyd 'cyfiawnder a deddf' y perthyn gwleidyddiaeth ac mai ysbrydol, nid materol, yw ei gwir darddiad. Y mae gwleidydda, felly, yn rhan o swydd y bardd:

> I'r Groegiaid, athro a dysgawdwr oedd y bardd a llenyddiaeth oedd deunydd a chyfrwng addysg. Nid gyda'r meistri celfyddyd, y cerflunydd a'r paentiwr, y dosberthid y bardd, eithr gyda'r crewyr deddf a luniai gymeriad cymdeithas a'i delfryd ... Athrawon oedd y beirdd mawrion oll, Homer, Hesiod, Pindar, dysgawdwyr politicaidd, ac yn eu gweithiau y ceid esiamplau o rinweddau blaenoriaid y ddinas, ac egwyddorion parhaol iechyd cymdeithas ... Y rheswm yr arhosaf gyda'r pethau hyn yn awr ... yw bod materoliaeth ddiwydiannol a materoliaeth wyddonol y bedwaredd ganrif ar bymtheg a'r ganrif hon wedi gwanhau'r ymdeimlad â natur ysbrydol y diwylliant a'r traddodiad Groegdarddol, ac yr wyf yn argyhoeddedig fod holl fywyd ysbrydol ein hoes ni wedi ei beryglu'n enbyd drwy hynny.

Ac yntau wedi cychwyn ar yrfa o addysgu a llenydda, teimlai Saunders Lewis ei bod yn ddyletswydd arno hefyd i wleidydda ac, yn unol â'i weledigaeth sylfaenol o le Cymru yn y traddodiad

CHAPTER 2

The Politician

IN AN ARTICLE entitled 'Lle pyncid cerddi Homer' ('Where Homer's poems were sung'), which was first published in his 'Cwrs y Byd' ('The Course of the World') column in *Baner ac Amserau Cymru* and republished in *Ysgrifau Dydd Mercher* ('The Wednesday Articles', 1945), Saunders Lewis argues that politics belongs to the world of 'justice and law', and that its true source is spiritual rather than material. To be political is, therefore, part of the poet's calling:

> To the Greeks, the poet was a teacher and an educator, and literature was the material and medium of education. The poet was not classed with the masters of art, the sculptor and the painter, but with the creators of law who shaped the character and ideals of society ... All the great poets were teachers, Homer, Hesiod, Pindar, political educators, and their works give examples of the virtues of the city's leaders and the permanent principles of the health of society ... The reason why I dwell on these things now ... is that the industrial and scientific materialism of the nineteenth century and this century has weakened the awareness of the spiritual nature of Greek-based culture and tradition, and I am convinced that this has greatly endangered all the spiritual life of our age.

Since he had embarked on a career as an educator and writer, Saunders Lewis felt that it was his duty to become a politician as well and, in accordance with his fundamental vision of the place of Wales

Ewropeaidd clasurol, rhoddodd iddi gorff cyson o ddysgeidiaeth ar sut i drefnu ei bywyd.

Ym mis Ionawr 1924, gyda dau arall o blith deallusion Cymraeg y cyfnod – Griffith John Williams (1892–1963), 'yr ysgolhaig Cymraeg mwyaf a welodd Cymru erioed' yn ôl Syr Thomas Parry, ac Ambrose Bebb (1894–1955), a oedd ar y pryd yn darlithio ym Mhrifysgol y Sorbonne ym Mharis – sefydlodd ym Mhenarth gymdeithas gyfrin o'r enw y Mudiad Cymreig. Ym mis Medi yr un flwyddyn, yn nhref Caernarfon, sefydlodd H R Jones Fyddin Ymreolwyr Cymru. Ar 5 Awst 1925, yn ystod yr Eisteddfod Genedlaethol ym Mhwllheli, cyfarfu cynrychiolwyr o'r ddau fudiad a'u huno yn Blaid Genedlaethol Cymru. Lewis Valentine oedd ei Llywydd cyntaf, ac ef hefyd, ym 1929, a ymladdodd yr etholiad cyntaf ar ei rhan pan gafodd 609 o bleidleisiau yn etholaeth Sir Gaernarfon. Ym 1926, fodd bynnag, etholwyd Saunders Lewis yn Llywydd, a bu yn y swydd honno hyd 1939. Bu hefyd yn olygydd ei misolyn, *Y Ddraig Goch*, o 1926 hyd 1937.

Aeth ati ar unwaith i lunio polisïau i'r Blaid newydd. Yn ei Hysgol Haf gyntaf ym Machynlleth ym 1926 mynnodd mai sail hawl Cymru i ymreolaeth oedd ei bod, tan iddi gael ei huno â Lloegr Brotestannaidd Harri VIII ym 1536, yn perthyn i Ewrop Gristnogol Gatholig, lle nad 'oedd unrhyw wlad yn rhydd nac yn annibynnol. Cydnabyddai pob cenedl ... fod awdurdod uwch nag awdurdod gwlad, a bod llys y gellid apelio ato oddi wrth bob llys gwladol. Yr awdurdod hwnnw oedd yr awdurdod moesol, awdurdod Cristnogaeth'. Diogelai Cristnogaeth Gatholig yr Oesoedd Canol amrywiaeth ieithoedd a diwylliannau a phriodoleddau cenhedloedd Ewrop, gan gynnwys Cymru. Nod y Blaid Genedlaethol oedd dychwelyd at yr egwyddor hon – ailsefydlu'r math o drefn ag a oedd yn bod cyn dyfod y Tuduriaid i geisio dinistrio cenedl y Cymry a'i gorfodi i gydymffurfio â'u cenedlaetholdeb Seisnig newydd hwy. Gan hynny:

within classical European tradition, he provided the country with a consistent body of teaching on how to organize its affairs.

In January 1924, together with two other contemporary Welsh intellectuals – Griffith John Williams (1892–1963), 'the greatest Welsh-language scholar that Wales ever saw,' according to Sir Thomas Parry, and Ambrose Bebb (1894–1955), who was at the time a lecturer at the Sorbonne in Paris – he founded at Penarth a secret society known as 'y Mudiad Cymreig' ('the Welsh Movement'). In September of that year, in Caernarfon, H R Jones founded 'Byddin Ymreolwyr Cymru' ('the Army of Welsh Home Rulers'). On 5 August 1925, during the National Eisteddfod at Pwllheli, representatives of both movements met and agreed to merge, creating the National Party of Wales. The party's first President was Baptist minister Lewis Valentine, and it was he too, in 1929, who fought the first election in its name, polling 609 votes in the Caernarfonshire constituency. In 1926, however, Saunders Lewis was elected President, and he remained in office until 1939. He was also the editor of the party's monthly publication, *Y Ddraig Goch* ('The Red Dragon') from 1926 to 1937.

Saunders Lewis immediately set about forming the new party's policies. At its first Summer School in Machynlleth in 1926 he insisted that Wales's claim to self-government was that, prior to its annexation to Henry VIII's Protestant England, Wales had been part of Christian Catholic Europe where 'no country was either free or independent. Every nation acknowledged ... that there was a higher authority than that of the state, and that there was a court of appeal above all state courts. That authority was moral authority, the authority of Christianity'. Medieval Catholic Christianity protected the diverse languages, cultures and characteristics of the nations of Europe, including Wales. It was the aim of the National Party to return to this principle – to re-establish the kind of order that existed before the Tudors attempted to destroy the Welsh

Peidiwch â gofyn am annibyniaeth i Gymru. Nid am nad yw'n ymarferol, ond oblegid nad yw'n werth ei gael ... Fe ddaw Ewrob i'w lle eto pan gydnabyddo'r gwledydd eu bod oll yn ddeiliaid ac yn ddibynnol. Dymunwn felly, nid annibyniaeth ond rhyddid, ac ystyr rhyddid yn y mater hwn yw cyfrifoldeb. Yr ydym ni sy'n Gymry yn hawlio ein bod yn gyfrifol am wareiddiad a dulliau bywyd cymdeithasol yn ein rhan ni o Ewrob.

'Statws dominiwn' i Gymru, hynny yw, ymreolaeth o dan sofraniaeth Brydeinig ac yn rhan o'r Gymanwlad Brydeinig, oedd nod y Blaid Genedlaethol, ond fe ddengys y geiriau uchod mai'r gwir ddelfryd oedd bod yn rhan o gynghrair o wladwriaethau Ewropeaidd cydradd â'i gilydd. Mae'n werth nodi hefyd i Saunders Lewis ysgrifennu'r geiriau hyn ym 1926, dros ddeng mlynedd ar hugain cyn sefydlu'r Gymuned Economaidd Ewropeaidd ym 1957, a bron i hanner canrif cyn i Brydain ymuno â'r Gymuned honno ym 1973.

Ym 1928 datganodd mai 'achub enaid y genedl, dyna yw ymdrech y Blaid Genedlaethol yng Nghymru'. Wrth annerch y Gyngres Geltaidd yn Glasgow y flwyddyn ganlynol, ymhelaethodd ar hyn trwy honni bod bywyd y llenor a'r artist yn y Gymru a oedd ohoni yn dioddef oherwydd ei phlwyfoldeb taeog, a bod hwnnw i'w briodoli i'r ffaith nad oedd ganddi, er ei bod yn genedl, lywodraeth. O gael ei llywodraeth a'i phrifddinas ei hun, fe sefydlai, o dipyn i beth, ddosbarth dinesig a fyddai'n sylfaen i aristocratiaeth Gymreig newydd a rhoddai hynny gyfle iddi ddiosg ei philistiaeth. Byddai ganddi gyfrwng i gyfathrebu â chenhedloedd eraill a byddai'n gwneud hynny yn ei hiaith ei hun.

Gwerthoedd ysbrydol, y mae'n amlwg, oedd wrth wraidd gwleidyddiaeth Saunders Lewis. Dywedwyd yn aml mai dyna paham na lwyddodd i ddenu ato ond darlithwyr a myfyrwyr coleg, athrawon a gweinidogion – athrawiaethwyr anymarferol yn hytrach na gwleidyddion pragmatig – ac nad apeliai'r Blaid Genedlaethol at

nation and force it to conform to their new English nationalism. Therefore:

> Do not ask for independence for Wales. Not because it is impracticable, but because it is not worth having ... Europe will settle down once more when the countries recognize that they are all subject and dependent. Therefore, we want not independence but freedom, and the meaning of freedom in this respect is responsibility. We who are Welsh claim that we are responsible for civilization and social life in our part of Europe.

The National Party's aim was 'dominion status' for Wales – self-government under British sovereignty. The words quoted above, however, show that its true ideal was for Wales to be one of a league of equal European states. It is worth noting too that Saunders Lewis wrote these words in 1926, over thirty years before the founding of the European Economic Community in 1957, and nearly half a century before Britain joined that Community in 1973.

In 1928 he declared that the aim of the National Party in Wales was to save the soul of the nation. In an address to the Celtic Congress in Glasgow the following year, he expanded on this by claiming that the life of writers and artists in contemporary Wales was suffering because of the country's churlish parochialism which, in turn, he ascribed to the fact that, even though Wales was a nation, it had no government. After it had secured its own government and capital city, an urban class would be established over a period of time which would be the foundation of a new Welsh aristocracy and this would give it an opportunity to shed its philistinism. It would then have a means of communicating with other nations, and would do so in its own language.

It is obvious that spiritual values lay at the root of Saunders Lewis's politics. It is often said that this is why he attracted only

drwch y boblogaeth am nad oedd ganddi bolisïau bara a menyn i ddatrys y dirwasgiad economaidd a oedd yn parlysu bywyd Cymru yn y dauddegau a'r tridegau. Dirwasgiad difrifol iawn oedd hwnnw. Mewn erthygl ar y testun 'Llenyddiaeth Cyni a Rhyfel' yn *Ysgrifau Beirniadol IV* (1969), ysgrifennodd D Tecwyn Lloyd:

> Yn Ne Cymru ym 1931 yr oedd 44.5% o'r holl boblogaeth yswiriedig allan o waith. Mewn rhai ardaloedd yr oedd y ffigur yn llawer uwch: e.e., Blaina (Mynwy) – 71.4%: Brynmawr – 72.5%, Merthyr Tydfil – 67.6%. Yn y mannau hyn a'u tebyg – yr Ardaloedd Neilltuol, fel y biwrocratid hwy – yr oedd chwarter yr *holl* boblogaeth a *hanner* y plant yn byw mewn teuluoedd a oedd o dan yr isafswm cynhaliaeth. Ym 1934, naw swllt y pen yr wythnos a werid ar fwyd ar gyfartaledd ac yr oedd hynny 10% o dan isafswm safon cynhaliaeth y B.M.A. Yn ôl *Hansard*, yr oedd 960,638 o bobl Cymru yn byw yn yr Ardaloedd Neilltuol hyn yn 1931 ... Yr oedd cynnydd mawr mewn dihoeni corfforol ... Rhwng 1931–5 bu cynnydd o 96% mewn marwolaethau o'r fronceitus, 52.5% o'r niwmonia, 30.5% o'r T.B. yn yr ysgyfaint ac yr oedd marwolaethau babanod yn uwch o fwy na 40% yn yr ardaloedd hyn rhagor ardaloedd eraill.

Ymadawodd y bobl â Chymru yn eu cannoedd o filoedd. Aeth 259,000 o gymoedd diwydiannol y de, gan adael ugeiniau o filoedd yn ychwaneg i dderbyn bwyd o'r ceginau cawl a dillad yn ail-law oddi wrth gyfoethogion ac i orymdeithio'n finteioedd i ganu am gardod ar strydoedd Llundain. Ac yn Ewrop, o 1933 ymlaen, yr oedd cymylau Rhyfel Byd arall yn crynhoi.

Yn wahanol i'r gred boblogaidd, fodd bynnag, yr oedd Saunders Lewis yn ystod y cyfnod hwn yn gwneud ei orau glas i geisio sicrhau bod gan y Blaid Genedlaethol bolisïau ymarferol. Dywedodd J E Jones, Ysgrifennydd Cyffredinol y Blaid rhwng 1930 a 1962, amdano fod ganddo 'feddwl ymarferol; gall feistroli ffeithiau a ffigurau a

college lecturers and students, teachers and ministers of religion –
impractical theorists rather than pragmatic politicians – and that
the National Party failed to appeal to the majority of the population
because it had no bread and butter policies to resolve the economic
depression that paralysed the life of Wales in the 1920s and 1930s.
This was a very severe depression indeed. In an article entitled
'Llenyddiaeth Cyni a Rhyfel' ('The Literature of Poverty and War')
in *Ysgrifau Beirniadol IV* (1969), D Tecwyn Lloyd wrote:

> In South Wales in 1931 some 44.5% of the entire insured
> population was unemployed. In some areas, the figure was
> much higher: e.g., Blaina (Monmouth) – 71.4%: Brynmawr –
> 72.5%, Merthyr Tydfil – 67.6%. In these and similar places – the
> Special Areas, as they were bureaucratized – a quarter of the
> *entire* population and *half* the children lived in families who
> were below the minimum subsistence level. In 1934, the average
> weekly sum spent on food was nine shillings per head, and
> this was 10% below the B.M.A.'s minimum subsistence level.
> According to *Hansard*, 960,638 of the people of Wales lived
> in these Special Areas in 1931 ... There was a great increase in
> physical decay ... Between 1931–5 the number of deaths from
> bronchitis rose by 96%, from pneumonia by 52.5% and from T.B.
> of the lungs by 30.5%; the infant death rate was 40% higher in
> these areas than in others.

People left Wales in their hundreds of thousands. A total of
259,000 left the industrial valleys of the south, leaving behind them
many scores of thousands who received food from the soup kitchens
and second-hand clothes from the rich and who marched in droves
to sing for a pittance on the streets of London. And in Europe, from
1933 onwards, the clouds of another World War were gathering.

Contrary to popular belief, however, during this period Saunders
Lewis was doing his very best to ensure that the National Party had

phynciau technegol ... Nid adnabûm i neb mor drylwyr ag ef ... Ni fethodd ag ysgrifennu Nodiadau'r Mis i'r *Ddraig Goch* o Fedi 1926 hyd Ionawr 1937, pan garcharwyd ef'. Ym 1937 fe gasglwyd nifer o'r Nodiadau hyn ynghyd a'u hailgyhoeddi'n gyfrol dan y teitl *Canlyn Arthur*. Egyr y gyfrol honno â datganiad o 'Ddeg Pwynt Polisi', a gyhoeddwyd yn gyntaf ym 1933 ac y gellir eu crynhoi fel a ganlyn: (1) mai swydd llywodraeth gwlad yw cynnal amodau a rydd gyfle i'r genedl greu ei huned economaidd ei hun; (2) y dylai'r uned economaidd fod yn un â'r uned boliticaidd; (3) bod cyfalafiaeth rydd oddi wrth lywodraeth gwlad yn ddrwg dirfawr; (4) y byddai llywodraeth Gymreig yn rheoli sefydliadau credyd er budd diwydiant; (5) y dylai fod rhan amlwg i undebau llafur, cynghorau diwydiannol ac economaidd, cymdeithasau cydweithredol ac awdurdodau lleol yn economi Cymru; (6) y dylid rhannu tir Cymru rhwng teuluoedd y genedl; (7) mai amaethyddiaeth ddylai fod yn brif ddiwydiant Cymru; (8) bod yn rhaid dad-ddiwydiannu deheudir Cymru a defnyddio adnoddau naturiol y wlad er budd y genedl; (9) lle bo hawl a meddiant y mae hefyd ddyletswydd a chyfrifoldeb cymdeithasol; (10) y byddai llywodraeth Cymru yn cydweithio â llywodraethau eraill ar drefniadau economaidd a diwydiannol.

Gwelir bod y Blaid Genedlaethol gynnar yn anghymeradwyo cyfalafiaeth, a ganolai gyfoeth yn nwylo'r cyfoethogion, ond na welai unrhyw rinwedd ychwaith mewn sosialaeth, a ganolai gyfoeth yn nwylo'r wladwriaeth. Enw Saunders Lewis ar lwybr canol y Blaid yn y materion hyn oedd 'perchentyaeth', sef polisi o 'wasgar eiddo ymhlith lliaws aelodau'r genedl', a pholisi a fyddai hefyd yn rhoi 'nerth politicaidd eilwaith' i 'hen egwyddor moliant y beirdd Cymraeg'. Awgrymodd sawl ysgolhaig bod dau ddylanwad amlwg ar y polisi hwn sef, yn gyntaf, ddylanwad cynghorwyr economaidd cynharaf y Blaid, y Dr D J Davies a'i wraig, Nöelle, a edmygai ddulliau cydweithredol Denmarc. Tuedda hyn i gadarnhau sylw J E Jones bod

practical policies. J E Jones, the party's General Secretary from 1930 to 1962, wrote of him that 'he has a practical mind; he can master facts and figures and technical subjects ... I have never known anyone as thorough as he ... He never failed to write his Monthly Notes for *Y Ddraig Goch* from September 1926 to January 1937, when he was imprisoned'. In 1937 an anthology of these Notes was published under the title *Canlyn Arthur* ('Following Arthur'). The anthology begins with a 'Ten Points of Policy' statement, first published in 1933, which may be summarized as follows: (1) that it is the duty of a country's government to sustain the conditions which will give the nation an opportunity to create its own economic unit; (2) that this economic unit should correspond to the political unit; (3) that capitalism which is free of a country's government is an immense evil; (4) that a Welsh government would manage credit institutions for the benefit of industry; (5) that there should be a prominent place for trade unions, industrial and economic councils, co-operative societies and local authorities in the economy of Wales; (6) that the land of Wales should be shared between the nation's families; (7) that agriculture should be the main industry of Wales; (8) that south Wales should be deindustrialized and the country's natural resources used for the benefit of the nation; (9) where there is right and possession there is also duty and social responsibility; (10) that a Welsh government would co-operate with other governments on economic and industrial arrangements.

It is evident that the fledgling National Party disapproved of capitalism, which kept wealth in the hands of the rich, but that it saw no virtue either in socialism, which kept wealth in the hands of the state. Saunders Lewis's term for the party's middle way was 'perchentyaeth' (literally, 'house-ownership'), a policy of 'spreading property amongst the majority of the nation's members', and a policy that would also 'give a new political vigour' to 'the principle of

Saunders Lewis bob amser yn trefnu 'i faterion gael eu hystyried yn llawn a phwyllog gan y mudiad a chan arbenigwyr ... cyn mabwysiadu polisi'. Yr ail yw dylanwad cylchlythyrau y Pab Leo XIII, *Rerum Novarum* (1891), a'r Pab Pius XI, *Quadragesimo Anno* (1931), ar gyflwr y dosbarth gweithiol, lle y gwrthodir comiwnyddiaeth a chyfalafiaeth fel ei gilydd a chyhoeddi, ar yr un pryd, hawl unigolion i ddal eiddo. Awgryma hyn nad oedd Saunders Lewis yn amharod ychwaith i ychwanegu syniadau o'r eiddo'i hun ac y mae'n cyfiawnhau rhywfaint ar ddadl y rhai a fynnai, ar ôl 1932, mai Eglwys Rufain fyddai'n llywodraethu Cymru pe deuai'r Blaid Genedlaethol i rym. Perthyn i'w syniadaeth ef hefyd y mae'r sylw am berchentyaeth fel 'hen egwyddor moliant y beirdd'. Nid pawb hyd yn oed oddi mewn i'r Blaid ei hun a oedd yn cefnogi'r polisi ac, yn sicr, ei wrthod a wnaeth trwch etholwyr Cymru, er i bleidlais y Blaid godi rhyw ychydig o'r 609 a fwriwyd drosti yn etholaeth Caernarfon ym 1929 i gyfanswm o 2,050 mewn dwy etholaeth (Caernarfon a Phrifysgol Cymru) ym 1931 a 2,534 yn etholaeth Caernarfon yn unig ym 1935. Roedd hi'n amlwg bod angen rhywbeth llawer mwy dramatig na gwleidydda etholiadol i ddeffro ymwybod cenedlaethol y Cymry. Yn wir, yr oedd Saunders Lewis wedi rhag-weld hynny mor bell yn ôl â 1923, mewn anerchiad yn yr Eisteddfod Genedlaethol yn yr Wyddgrug i gymdeithas o fyfyrwyr Coleg Bangor, pan ddywedodd y byddai'n fendith fawr i Gymru pe gwnâi rhyw Gymro rywbeth dros ei genedl a barai iddo gael ei garcharu. Ym 1936 daeth cyfle i roi'r awgrym hwnnw i'r prawf.

Wedi methiant Cynhadledd Ddiarfogi'r Byd ym 1933, penderfynodd llywodraeth Llundain fod yn rhaid i Brydain ailarfogi ar frys yn wyneb y bygythiad o du'r Almaen. Ym mis Gorffennaf 1934, cyhoeddwyd y bwriedid cynyddu'r Llu Awyr o 41 sgwadron. Ym mis Mawrth 1935 neilltuwyd £3,145,000 at brynu tiroedd ac adeiladau i fod yn ganolfannau i ryw 2,500 o beilotiaid ychwanegol a rhyw 20,000 o wŷr eraill ac, ym mis Mai yr un flwyddyn, cyhoeddwyd

eulogy of the ancient Welsh poets'. Several scholars have suggested that there are two obvious influences on this policy. Firstly, there is the influence of the National Party's first economic advisers, Dr D J Davies and his wife, Nöelle, who admired the co-operative methods of Denmark. This seems to confirm J E Jones's observation that Saunders Lewis always arranged 'for matters to be considered fully and carefully by the movement and by specialists ... before adopting a policy'. The second influence is that of the encyclicals of Pope Leo XIII, *Rerum Novarum* (1891), and Pope Pius XI, *Quadragesimo Anno* (1931), on working-class conditions, which reject both communism and capitalism and at the same time proclaim the individual's right to hold property. This seems to suggest that Saunders Lewis was not averse to beefing up a policy with some of his own ideas, and it gives some justification to the argument of those who asserted, after 1932, that, if the National Party ever came to power, Wales would be governed by the Church of Rome. The remark about 'perchentyaeth' being 'the principle of eulogy of the old Welsh poets' is also very much a part of his own unique way of thinking. Not everyone even within the National Party itself supported the policy and it was roundly rejected by the vast majority of Welsh electors, even though the party's vote increased slightly from the 609 cast for it in the Caernarfon constituency in 1929 to a total of 2,050 in two constituencies (Caernarfon and the University of Wales) in 1931 and 2,534 in the Caernarfon constituency alone in 1935. It was obvious that much more than electoral politics was needed to arouse Welsh national awareness. In fact, as far back as 1923 Saunders Lewis had foreseen this when, in an address to a society of Bangor College students at the National Eisteddfod in Mold, he had said that it would be a great blessing for Wales if some Welshman did something for his nation that would result in his imprisonment. In 1936 the opportunity arose to put that suggestion to the test.

yr agorid pum ysgol i'w hyfforddi sut i fomio o'r awyr. Ar 30 Mai, mewn ateb ysgrifenedig i gwestiwn yn y Senedd a fwriedid codi un o'r ysgolion hyn yng Nghymru, dywedodd Is-Ysgrifennydd Awyr y llywodraeth, Syr Philip Sassoon, fod cynlluniau ar y gweill i sefydlu gwersyll hyfforddi a maes awyr cysylltiedig mewn lle a alwai ef yn 'Hell's Mouth', Sir Gaernarfon. Porth Neigwl ym Mhen Llŷn oedd y fan honno.

Dechreuwyd gwrthwynebu'r cynllun ar unwaith. Ar 31 Mai, drannoeth cyhoeddiad Syr Philip Sassoon, cyfarfu Pwyllgor Sir Gaernarfon o'r Blaid Genedlaethol a phenderfynu gwrthdystio yn erbyn y bwriad. Daeth penderfyniadau cyffelyb o Gymanfa Bedyddwyr Sir Gaernarfon (4 Mehefin), cangen Caernarfon o Undeb y Di-waith (14 Mehefin), Henaduriaethau Methodistiaid Calfinaidd Arfon (17 Mehefin) a Llŷn ac Eifionydd (ddechrau Awst), a Chynhadledd Flynyddol y Blaid Genedlaethol yn Rhuthun (13 Awst). Erbyn canol mis Medi, fodd bynnag, yr oedd y llywodraeth wedi prynu saith can cyfer o dir yn yr ardal, gan gynnwys tir a oedd yn perthyn i fferm Penyberth ym mhlwyf Llanbedrog.

Ar 27 Rhagfyr penderfynodd Pwyllgor Gwaith y Blaid Genedlaethol yn Aberystwyth ofyn i Bwyllgor Sir Gaernarfon drefnu ymgyrch i wrthwynebu'r Ysgol Fomio ac, ar 4 Ionawr 1936, fe benododd y Pwyllgor hwnnw yr Athro J E Daniel (Is-lywydd y Blaid o 1931 i 1935 ac un o ddiwinyddion medrusaf ei genhedlaeth), y Parchedig J P Davies (gweinidog gyda'r Methodistiaid Calfinaidd ym Morthmadog a heddychwr amlwg) a J E Jones yn is-bwyllgor i ystyried dulliau gweithio. Yr oedd rhywfaint o sail i obeithio y gellid rhwystro'r cynllun. Ar 11 Hydref 1934 cawsai Pwyllgor Pysgodfeydd Môr De Lloegr wybod i'r Weinyddiaeth Awyr gymryd sylw o'i gŵyn y gallai sefydlu Ysgol Fomio yn Lydd beryglu bywoliaeth pysgotwyr ac na fyddid yn mynd ymlaen â'r bwriad. Bu gwrthdystiad cyffelyb yn Abbotsbury yn Swydd Dorset, lle y dadleuwyd y gallai sefydlu

Following the failure of the World Disarmament Conference in 1933, the government in London decided that Britain should rearm immediately to counter the German threat. In July 1934, it was announced that the Air Force would be increased by 41 squadrons. In March 1935, £3,145,000 was set aside to buy land and buildings to serve as centres for some 2,500 additional pilots and some 20,000 other men and, in May of the same year, it was announced that five schools would be set up to teach them how to bomb from the air. On 30 May, in a written answer to a parliamentary question asking whether it was intended to set up one of these schools in Wales, the government's Under-Secretary of State for Air, Sir Philip Sassoon, said that there were plans afoot to establish a training camp and an associated aerodrome at a place which he called 'Hell's Mouth' in Caernarfonshire. This was Porth Neigwl on the Llŷn peninsula.

There was immediate opposition. On 31 May, the day after Sir Philip Sassoon's announcement, the Caernarfonshire Committee of the National Party met and decided to protest against the government's intention. Similar resolutions came from the Caernarfonshire Baptist Assembly (4 June), the Caernarfon branch of the Union of the Unemployed (14 June), the Calvinistic Methodist Presbyteries of Arfon (17 June) and Llŷn and Eifionydd (early August), and the Annual Conference of the National Party at Ruthin (13 August). By mid-September, however, the government had bought seven hundred acres of land in the area, including land which belonged to Penyberth farm in the parish of Llanbedrog.

On 27 December the National Party's Executive Committee, meeting in Aberystwyth, decided to ask the Caernarfonshire Committee to set up a campaign to oppose the Bombing School and, on 4 January 1936, that Committee appointed Professor J E Daniel (the party's Vice-president from 1931 to 1935 and one of the ablest theologians of his generation), the Reverend J P Davies (a Calvinistic

maes bomio niweidio'r haid o elyrch a gartrefai yno. Ar 13 Ionawr 1936 fe newidiwyd digon ar y cynllun i fodloni'r gwrthwynebwyr. Llwyddiannus hefyd fu ymdrech yr hanesydd G M Trevelyan ac eraill i rwystro codi Ysgol Fomio ar Holy Island yn Northumbria oherwydd ei bod yn fangre gwyliau, yn gartref i adar gwyllt ac yn ynys gysegredig a chanddi gysylltiadau â'r Seintiau Aidan a Cuthbert. Ddiwedd mis Ionawr 1936, fodd bynnag, cyhoeddodd y Weinyddiaeth Awyr y byddid yn dechrau adeiladu'r orsaf ym Mhorth Neigwl ymhen dau neu dri mis.

Ar 29 Chwefror 1936, mewn anerchiad i Gynhadledd Flynyddol y Blaid Genedlaethol yng Nghaernarfon, amlinellodd Saunders Lewis y rhesymau dros wrthwynebu'r Ysgol Fomio. Yn gyntaf, byddai'n tyfu ac yn ymledu ac yn ymehangu. Yn ail, yr oedd 'traethau dihalog Llŷn, Ynys Enlli a Ffordd y Pererinion yn ddaear sy'n llawn mor sanctaidd [i'r Cymry] ag yw Holy Island i Saeson Northumbria'. Yn drydydd, yr oedd rhan Llŷn yn niwylliant Cymru: 'Yno y cafodd llenyddiaeth Gymraeg ei Mabinogi, ac o ddyddiau'r Mabinogi hyd at oes Eben Fardd a Robert ap Gwilym Ddu bu bywyd gwledig Llŷn a Chymreigrwydd pur y fro ... yn rhan o gadernid yr iaith Gymraeg'. Yr oedd bygythiad y Weinyddiaeth Awyr, felly, 'yn anelu'n union ac yn ddi-ffael at galon ac at einioes ein hiaith a'n llenyddiaeth a'n diwylliant a'n bodolaeth fel cenedl'. Yn bedwerydd, yr oedd natur farbaraidd yr hyfforddiant a fwriedid yno: 'pennaf nod yr awyrblaniau bomio fydd dinistrio dinasoedd, eu llosgi a'u gwenwyno, troi gwareiddiad y canrifoedd yn ulw, gollwng i lawr, allan o ddiogelwch yr awyr, yr angau creulonaf ar wragedd a phlant a gwŷr di-arf a diamddiffyn, a sicrhau, os dianc rhai a'u bywydau ganddynt, na bydd nac annedd na bwyd i'w porthi nac aelwyd i'w cadw'n fyw'. Galwodd ar i'w wrandawyr 'yn enw deddf foesol Duw, yn enw Cristnogaeth, yn enw Cymru' i wrthwynebu hyd eithaf eu gallu 'ac ym mhob dull a modd y sefydliad melltigaid hwn, ac onis rhwystrir, yna ei ddifetha'.

Methodist minister in Porthmadog and a prominent pacifist) and J E Jones to form a sub-committee to consider how to proceed. There was some ground for hope that the plan could be halted. On 11 October 1934 the Southern [England] Sea Fisheries Committee had been informed that the Air Ministry had taken note of its claim that the establishment of a Bombing School at Lydd would endanger the livelihood of fishermen, and that the scheme would not go ahead. There was a similar protest in Abbotsbury in Dorset, where it was argued that a bombing range could damage the flock of swans that nested there. On 13 January 1936 the plan was sufficiently amended to satisfy the objectors. Also successful was the campaign led by the historian G M Trevelyan and others to halt the building of a Bombing School on Holy Island in Northumbria because it was a holiday resort, a home for wild birds and a holy island associated with Saints Aidan and Cuthbert. At the end of January 1936, however, the Air Ministry announced that work would begin on building the station at Porth Neigwl within two or three months.

On 29 February 1936, in an address to the National Party's Annual Conference at Caernarfon, Saunders Lewis outlined the reasons for objecting to the Bombing School. Firstly, it would grow and spread. Secondly, the 'unadulterated beaches of Llŷn, Bardsey Island and the Pilgrims' Way are every bit as holy [to Welsh people] as Holy Island is to the English people of Northumbria'. Thirdly was the place of Llŷn in the culture of Wales: 'It was here that Welsh literature had its Mabinogi, and from the days of the Mabinogi up to the days of Eben Fardd and Robert ap Gwilym Ddu the rural life of Llŷn and the area's pure Welshness was ... a part of the steadfastness of the Welsh language'. The Air Ministry's threat, therefore, 'was aimed directly and unfailingly at the heart and life of our language, our literature, our culture and our existence as a nation'. Fourthly, there was the barbaric nature of the training that was envisaged: 'the main

51

Erbyn cyfarfod Pwyllgor Gwaith y Blaid Genedlaethol yn Aberystwyth ar 17 Ebrill 1936, yr oedd rhyw bum cant o wahanol gyrff wedi gwrthdystio yn erbyn yr Ysgol Fomio, gan gynnwys Urdd Gobaith Cymru ac Urdd Graddedigion Prifysgol Cymru a nifer fawr o gyrff crefyddol, ac yr oedd dwy fil o ddeng mil trigolion Llŷn wedi arwyddo deiseb i'r un perwyl. Erbyn mis Mai, yr oedd Ffederasiwn Gogledd Cymru o'r Blaid Lafur ac Undeb Athrawon Cymru wedi ymuno â'r gwrthdystiad ac yr oedd y ddwy fil enwau ar y ddeiseb o Lŷn wedi tyfu'n bedair.

Yr oedd y brotest erbyn hyn yn fudiad cenedlaethol grymus. Daeth oddeutu saith mil ynghyd, o bob rhan o Gymru – cyn belled â Llanelli ac Abertawe a Chwm Rhondda a Chaerdydd – i gyfarfod mawr ym Mhwllheli brynhawn Sadwrn, 23 Mai, pan bleidleisiwyd dros gynnig yn galw ar i'r llywodraeth dynnu'n ôl yn ddi-oed ei chynlluniau ym Mhorth Neigwl ac ar i'r Prif Weinidog, Stanley Baldwin, dderbyn dirprwyaeth yn cynrychioli'r protestwyr. Troi clust fyddar i'r apêl a wnaeth Baldwin. Mewn llythyr dyddiedig 10 Mehefin at J E Jones, dywedodd y byddai'r Ysgol Fomio yn dod â gwaith i'r ardal ac na welai unrhyw bwrpas mewn cyfarfod â dirprwyaeth o Gymru, er cydnabod iddo dderbyn dirprwyaethau o rannau o Loegr a fu'n gwrthwynebu cynlluniau cyffelyb. Lai na phythefnos yn ddiweddarach, yn Undeb yr Annibynwyr ym Mangor ar 22 Mehefin, dywedodd y Cadeirydd, y Parchedig J J Williams, Treforys, gŵr a ddeuai'n Archdderwydd Cymru y flwyddyn ganlynol: 'Ein bwriad yw ceisio rhwystro'r gwersyll hwn drwy bob modd a dull cyfreithlon. Ond os metha pob dull cyfreithlon, credaf fod digon o nerth ewyllys yn y genedl Gymreig i symud ymaith y gwersyll bomio drwy ddulliau eraill'.

Erbyn cyflwyno deiseb pobl Llŷn i'r Senedd ar 7 Gorffennaf 1936 yr oedd 5,293 o'r trigolion wedi ei harwyddo, a 5,315 o bobl o ardaloedd eraill wedi eu cefnogi mewn ail ddeiseb. Yr oedd dwy fil

aim of the bombing aeroplanes will be to destroy cities, to burn and poison them, to turn the civilization of centuries into ashes, to drop, from the safety of the skies, the most cruel death upon women and children and unarmed and defenceless men, and to ensure that, if some escape alive, there will be no house or food to sustain them or hearth to keep them alive'. He called upon his listeners 'in the name of God's moral law, in the name of Christianity, in the name of Wales' to object to their utmost capability 'and in every possible way this accursed institution, and if it is not halted, then to destroy it'.

By 17 April 1936, when the National Party's Executive Committee met at Aberystwyth, some five hundred different organisations had protested against the Bombing School, including Urdd Gobaith Cymru (the Welsh League of Youth), the Guild of Graduates of the University of Wales and a large number of religious bodies, and two thousand out of the ten thousand inhabitants of Llŷn had signed a petition to the same effect. By May, the North Wales Federation of the Labour Party and the Welsh Union of Teachers had joined the protest, and the two thousand names on the Llŷn petition had grown to four thousand.

By now the protest was a powerful national movement. Seven thousand people gathered, from all parts of Wales – from as far as Llanelli, Swansea, the Rhondda Valley and Cardiff – at a large rally in Pwllheli on Saturday, 23 May, and voted in favour of a resolution calling on the government to withdraw at once its plans for Porth Neigwl and on the Prime Minister, Stanley Baldwin, to receive a delegation representing the protestors. Baldwin ignored the appeal. In a letter dated 10 June to J E Jones, he wrote that the Bombing School would bring work to the area and that he saw no purpose in meeting a delegation from Wales, despite acknowledging that he had received delegations from parts of England opposing similar schemes. Less than a fortnight later, at the Congregationalist Union

o gyrff cyhoeddus, yn cynrychioli hanner miliwn o Gymry, wedi gwrthdystio. Yn y cyfamser, yr oedd dau gant o weithwyr cwmni Cowieson o Glasgow wrthi'n paratoi tir Penyberth at faes bomio ac yn torri ffordd newydd o dir y fferm i'r briffordd rhwng Pwllheli a Llanbedrog. Ac yr oedd ffermdy Penyberth – tŷ y codasid rhannau ohono yn y bymthegfed ganrif ac y canwyd moliant a marwnad rhai o'i berchenogion gan feirdd megis Wiliam Cynwal (bu farw 1587/8), Siôn Phylip (1543?–1620) a'i frawd Rhisiart (bu farw 1641) a Wiliam Llŷn (1534/5–80) – wedi ei ddymchwel. Yn ei nodiadau golygyddol yn rhifyn mis Medi o'r *Ddraig Goch*, ysgrifennodd Saunders Lewis: 'Gŵyr y Blaid Genedlaethol yn awr fod pob apêl, pob protest, hyd yn oed brotestiadau cenedl sydd bron yn gwbl yn erbyn yr erchyllaeth, oll yn ofer.'

Erbyn i'r geiriau hynny ymddangos, fodd bynnag, fe wyddai fod cynlluniau ar y gweill i wneud niwed i'r hyn a fwriedid ym Mhorth Neigwl. Oddeutu hanner awr wedi un o'r gloch fore Mawrth, 8 Medi 1936, rhoddodd y Parchedig Lewis Valentine, D J Williams ac yntau y siediau a'r swyddfeydd a'r defnyddiau adeiladu yr oedd cwmni Cowieson wedi eu pentyrru ar safle hen ffermdy Penyberth ar dân.

Ychydig wedi hanner awr wedi dau yr un bore cerddodd y tri i mewn i swyddfa'r heddlu ym Mhwllheli a chyflwyno yno i'r Arolygydd William Moses Hughes y llythyr a ganlyn:

Medi 7, 1936
At y Prif Gwnstabl yn Nghaernarfon
Syr,
Yr ydym ni sy'n arwyddo'r llythyr hwn yn cydnabod ein cyfrifoldeb am y difrod a wnaethpwyd ar adeiladau'r Gwersyll Bomio y nos hon, Medi 7.

Er pan gyhoeddwyd gyntaf y bwriad i adeiladu gwersyll bomio yn Llŷn, gwnaethom ni a llu o arweinwyr bywyd cyhoeddus Cymru bob dim a allem i gael gan y llywodraeth Seisnig ymatal rhag gosod yn Llŷn sefydliad a beryglai holl ddiwylliant a

in Bangor on 22 June, the Chairman, the Reverend J J Williams, Morriston, who was to be elected Archdruid of Wales the following year, said: 'We intend to prevent this camp by all legal ways and means. But if every legal way fails, I believe that the Welsh nation has enough will power to remove the bombing camp by other means'.

By the time the petition of the people of Llŷn was presented to Parliament on 7 July 1936, a total of 5,293 of the inhabitants had signed it, and there was a second petition signed by 5,315 people from other areas. Two thousand public bodies, representing half a million Welsh people, had protested. In the meantime, two hundred workers employed by the Cowieson company of Glasgow were preparing the land at Penyberth to be a bombing range and were cutting a new road from the farm to the main road between Pwllheli and Llanbedrog. And Penyberth farmhouse – parts of which had been built in the fifteenth century, and the eulogy and elegy of some of whose owners had been sung by poets such as Wiliam Cynwal (died 1587/8), Siôn Phylip (1543–1620) and his brother Rhisiart (died 1641) and Wiliam Llŷn (1534/5–80) – had been demolished. In his editorial notes in the September issue of Y *Ddraig Goch*, Saunders Lewis wrote: 'The National Party now knows that every appeal, every protest, even the protests of a nation that is almost unanimously against the atrocity, are all in vain.'

By the time these words appeared, however, he knew that plans were afoot to cause damage to what was intended at Porth Neigwl. About half past one on the morning of Tuesday, 8 September 1936, the Reverend Lewis Valentine, D J Williams and Saunders Lewis set fire to the sheds, the offices and the building materials that the Cowieson company had set up on the Penyberth site.

Shortly after half past two that morning the three walked into the police station in Pwllheli and presented to Inspector William Moses Hughes the following letter:

thraddodiadau un o'r bröydd Cymreiciaf yng Nghymru. Ond er ein holl erfyn, er anfon llythyrau a phrotestiadau oddi wrth gannoedd o gymdeithasau crefyddol a lleygol drwy Gymru oll, ac er i filoedd o etholwyr Llŷn ei hunan arwyddo deiseb yn crefu am rwystro'r anfadwaith, eto gwrthododd y llywodraeth Seisnig hyd yn oed dderbyn dirprwyaeth oddi wrth Gymru i ymddiddan ynghylch y peth. Methodd dulliau cyfreithiol a heddychol ennill i Gymru hyd yn oed gwrteisi cyffredin oddi ar law llywodraeth Loegr.

Gan hynny, er mwyn gorfodi sylw i'r trais anfoesol hwn ar hawliau sicr a naturiol y Genedl Gymreig, cymerasom y dull hwn, yr unig ddull a adawyd inni gan lywodraeth sy'n sarhau Cenedl Cymru.

Yr eiddoch yn rhwymau Cymru,

Saunders Lewis, Darlithydd ym Mhrifysgol Cymru,

9 St Peter's Road, Newton, Mumbles, Abertawe

Lewis E Valentine, Gweinidog yr Efengyl, 'Croeso',

St Andrew's Place, Llandudno

D J Williams, Athro Ysgol Sir, 49, High Street, Abergwaun

Ymhen ychydig oriau derbyniodd J E Jones gopi o'r llythyr yn Swyddfa'r Blaid Genedlaethol yng Nghaernarfon a chysylltodd ar unwaith â chyfreithiwr y Blaid, E V Stanley Jones. Am dri o'r gloch y prynhawn hwnnw dygwyd y tri gerbron ynadon Pwllheli i ateb cyhuddiad o ddifrodi eiddo yn groes i adran 51 o Ddeddf Difrodi Maleisus 1861. Penderfynwyd gohirio'r achos am wythnos ac, ar gais Stanley Jones, cytunodd yr ynadon i ryddhau'r diffinyddion ar fechnïaeth. Aeth R O F Wynne, sgweier Garthewin ger Llanfair Talhaearn, yn feichiau dros Saunders Lewis, W St John Williams, Llangefni, dros Lewis Valentine a'r Parchedig J P Davies, Porthmadog, dros D J Williams. Yn Saesneg y bu holl weithrediadau'r llys.

Cynhaliwyd yr ail wrandawiad fore Mercher, 16 Medi. Erbyn hynny yr oedd y Cyfarwyddwr Erlyniadau Cyhoeddus wedi cymryd gofal o'r achos ar ran y Goron, ac wedi ychwanegu cyhuddiad

September 7, 1936

To the Chief Constable at Caernarfon

Sir,

We, the signatories of this letter acknowledge our responsibility for the damage that was done to the buildings of the Bombing Station this night, 7 September.

Ever since the intention to build a bombing station in Llŷn was first announced, we and a host of leaders from Welsh public life have done everything we could to persuade the English government to refrain from placing in Llŷn an institution which threatened all the culture and traditions of one of the most Welsh areas of Wales. But despite all our supplications, despite sending letters and protests from hundreds of religious and lay societies throughout Wales, and despite the fact that thousands of the electors of Llŷn itself had signed a petition begging that the atrocity be halted, the English government refused even to receive a delegation from Wales to discuss the matter. Legal and peaceful methods have failed to gain for Wales even a common courtesy from the government of England.

Therefore, in order to force attention upon this immoral violence against the Welsh Nation's valid and natural rights, we have used this method, the only means left to us by a government that insults the Nation of Wales.

Yours in the bonds of Wales,

Saunders Lewis, Lecturer in the University of Wales,

9 St Peter's Road, Newton, Mumbles, Swansea

Lewis E Valentine, Minister of Religion, 'Croeso',

St Andrew's Place, Llandudno

D J Williams, County School Teacher, 49, High Street, Fishguard

Within a few hours J E Jones received a copy of the letter at the National Party's Office in Caernarfon and he immediately contacted the party's solicitor, E V Stanley Jones. At three o'clock that afternoon the three men were brought before Pwllheli magistrates to answer a charge of causing damage to property, contrary to section 51 of the

newydd, sef llosgi eiddo'r Brenin – trosedd yr oedd y gosb fwyaf am ei chyflawni yn garchar am oes. Eisteddai un ar bymtheg o ynadon ar y fainc ac yr oedd torf fawr y tu allan i'r llys. Cyfreithiwr o'r enw G R Paling a ymddangosai ar ran y Goron, ac E V Stanley Jones ar ran y tri. Ceisiodd cyfreithiwr y Goron wahardd gosod unrhyw eiriau Cymraeg a lefarwyd gan y diffynyddion yng nghofnodion y llys, a chymerodd yn gynsail achos Ffrancwr a gawsai eu gyhuddo o lofruddiaeth yn Woking yn Lloegr. Yn Ffrangeg yr atebai hwnnw yn ei brawf, ond yn Saesneg y cofnodwyd yr atebion. Dywedodd Stanley Jones mai dieithryn mewn gwlad ddieithr oedd y Ffrancwr dan sylw, ond bod y diffynyddion hyn yn siarad eu hiaith eu hunain yn eu gwlad eu hunain a bod yn rhaid, felly, cofnodi eu geiriau yn Gymraeg. Wedi i'r ynadon ymgynghori â dirprwy glerc y llys, hynny a fu, ond bod cyfieithiad hefyd i'r Saesneg. Wedi gwrando tystiolaeth oddi wrth David William Davies (gwyliwr nos cwmni Cowieson), John Mackie Abbot o Dundee (cofnodwr amser y cwmni), Andrew Ferris o Glasgow (eu prif saer brics), John Wright (gyrrwr lorïau), Douglas McRobbie o Crieff (saer), William Hughes a James Henry Ravenhill (Brigâd Dân Pwllheli), Edward William Dawson o Ealing (clerc y gwaith dros y Weinyddiaeth Awyr), yr Arolygydd W M Hughes, y cwnstabliaid Francis John Preston ac Alun Lloyd Morris, a'r clerc cyfreithiwr, Gwilym Thomas Jones, penderfynodd yr ynadon draddodi'r tri i sefyll eu prawf ym mrawdlys Caernarfon a chytunwyd i'w rhyddhau ar yr un fechnïaeth â'r tro cynt ar yr amod na fyddent yn gwneud propaganda dros eu hachos. Ar derfyn y gwrandawiad daeth rhai o'r ynadon i ysgwyd llaw â hwy cyn iddynt adael y llys.

Ar ddydd Mawrth, 13 Hydref 1936, yr agorodd y brawdlys, ac yr oedd torf a gynyddodd yn ystod y dydd i oddeutu dwy fíl o bobl ar y Maes yng Nghaernarfon i ddangos eu cefnogaeth i'r diffynyddion. O dro i dro, bygythiai eu canu darfu ar weithgareddau'r llys.

Malicious Damage Act 1861. It was decided to adjourn the case for a week and, in response to Stanley Jones's request, the magistrates agreed to free the defendants on bail. R O F Wynne, the squire of Garthewin near Llanfair Talhaearn, gave surety for Saunders Lewis, W St John Williams, Llangefni, for Lewis Valentine and the Reverend J P Davies, Porthmadog, for D J Williams. All of the court proceedings were conducted in English.

The second hearing was held on Wednesday morning, 16 September. By then, the Director of Public Prosecutions had taken charge of the case on behalf of the Crown, and had introduced a new charge of burning the King's property – the maximum penalty for which was life imprisonment. Sixteen magistrates sat on the bench and there was a large crowd outside the court. A solicitor named G R Paling appeared for the Crown, and E V Stanley Jones appeared for the three. The Crown solicitor attempted to prohibit recording in the court proceedings any words uttered by the defendants in the Welsh language, and took as precedent the case of a Frenchman who had been accused of a murder in Woking, England. In his trial, he had spoken French, but his answers had been recorded in English. Stanley Jones argued that the Frenchman in question was a foreigner in a foreign land, but that in this case the defendants were speaking their own language in their own country and that, therefore, their words must be recorded in Welsh. After the magistrates had consulted with the court's deputy clerk, this was granted, on condition that there was also an English translation. Having listened to evidence from David William Davies (Cowieson's night watchman), John Mackie Abbot from Dundee (the company's time recorder), Andrew Ferris from Glasgow (its chief bricklayer), John Wright (lorry driver), Douglas McRobbie from Crieff (carpenter), William Hughes and James Henry Ravenhill (Pwllheli Fire Brigade), Edward William Dawson from Ealing (clerk of works for the Air Ministry), Inspector

Bargyfreithwyr y Goron oedd Wintringham Norton Stable a Bertram Reece. Yr oedd Saunders Lewis a Lewis Valentine yn eu hamddiffyn eu hunain, ond dewiswyd Herbert Edmund Davies, Abertawe, yn fargyfreithiwr ar ran D J Williams, fel y byddai cyngor cyfreithiol hwylus ar gael pe bai angen. Y cyhuddiad yn erbyn y tri oedd eu bod 'ym Mhen-rhos yn Sir Gaernarfon, rhwng naw o'r gloch yr hwyr ar y Seithfed dydd o fis Medi 1936 a chwech o'r gloch y bore ar yr Wythfed dydd o fis Medi 1936, sef am 1.30 y nos, wedi gwneud difrod maleisus i Adeiladau a Phentyrrau o Goed a phethau eraill, eiddo Ei Fawrhydi y Brenin, a bod y difrod yn werth mwy na £5, sef £2,355'. Syr Wilfrid Hubert Poyer Lewis oedd y barnwr, brodor o Sir Benfro, aelod blaenllaw iawn o'r Eglwys yng Nghymru a changhellor esgobaethau Mynwy a Llandaf. Pan blediodd Saunders Lewis yn Gymraeg yn ddieuog i'r cyhuddiad yn ei erbyn, mynnodd y gŵr trahaus hwn ei fod yn gwneud hynny yn Saesneg, ac felly y bu hefyd yn achos y ddau ddiffynnydd arall. Dangosodd y barnwr beth diffyg amynedd hefyd â'r ymdrechion, llwyddiannus yn y diwedd, i sicrhau bod y deuddeg rheithiwr yn Gymry Cymraeg. Gwrandawyd ar yr un tystiolaethau ag a glywyd yn llys ynadon Pwllheli fis ynghynt. Yna, anerchodd Edmund Davies y rheithgor yn Saesneg ar ran D J Williams a rhoes Lewis Valentine anerchiad yn Gymraeg ar ei ran ei hun, a gyfieithwyd i'r Saesneg yn llafurus, frawddeg wrth frawddeg, a'r barnwr trwynuchel o Anglican – y math o ddyn a roddodd enw drwg yng Nghymru i'r gyfraith ac i'r eglwys – yn ymyrryd yn gyson i atgoffa'r rheithgor mai 'cyfraith Loegr' oedd oruchaf yn y llys yng Nghaernarfon ac mai amherthnasol oedd apelio, fel y gwnaeth Lewis Valentine droeon, at gyfraith Duw.

O weld y modd y difethwyd anerchiad ei gyd-ddiffynnydd wrth orfod ei gyfieithu fesul brawddeg, penderfynodd Saunders Lewis annerch y rheithgor yn Saesneg. Yn fuan wedi iddo ddechrau siarad, mae'n debyg i Arolygydd yr heddlu geisio tawelu'r dorf y tu allan â'r

W M Hughes, police constables Francis John Preston and Alun Lloyd Morris, and the solicitor's clerk, Gwilym Thomas Jones, the magistrates decided to commit the three men to stand trial at the Caernarfon assize court and agreed to free them on the same bail terms as before on condition that they did not engage in propaganda for their cause. At the end of the hearing some of the magistrates came to shake hands with the defendants before they left the court.

The court of assize opened on Tuesday, 13 October 1936, and a large crowd gathered outside, with some two thousand people in Castle Square, Caernarfon, showing their support for the defendants. From time to time their singing threatened to disrupt the court proceedings. The Crown's barristers were Wintringham Norton Stable and Bertram Reece. Saunders Lewis and Lewis Valentine defended themselves, but Herbert Edmund Davies of Swansea had been chosen to represent D J Williams, and to give legal advice if necessary. The charge against the three defendants was that they had 'at Penrhos in the County of Caernarfon, between the hours of 9 o'clock in the evening of the Seventh day of September 1936 and 6 o'clock in the morning of the Eighth day of September 1936, to wit, at 1.30 in the night, maliciously committed damage to Buildings and Stocks of Timber and other articles, the property of His Majesty the King, the damage exceeding the sum of £5, to wit, £2,355'.

The judge was Sir Wilfrid Hubert Poyer Lewis, a native of Pembrokeshire, a very prominent member of the Church in Wales and the chancellor of the dioceses of Monmouth and Llandaff. When Saunders Lewis pleaded not guilty to the charge against him in Welsh, this arrogant man insisted that he do so in English, and so it was too in the case of the two other defendants. The judge also showed some impatience with the ultimately successful attempts to ensure that the twelve members of the jury were Welsh speakers. The same evidence was given as that which had been heard at Pwllheli

geiriau, 'Peidiwch â distyrbio'r llys, gyfeillion annwyl. Mae Saunders Lewis yn annerch rŵan, ac yn siarad yn ardderchog hefyd'.

Dywedodd ar y dechrau'n deg nad oedd yn gwadu iddo ef a'i ddau gydymaith gynnau'r tân yn Llŷn. Yn wir, yr oeddynt wedi cyfaddef hynny yn eu llythyr at y Prif Gwnstabl. Mynnai, fodd bynnag, nad trosedd mo'r weithred ond yn hytrach ymateb mewn ufudd-dod i gydwybod ac i'r gyfraith foesol. Darlithydd mewn llenyddiaeth Gymraeg oedd ef wrth ei swydd. Ei ymwybod â gwerth amhrisiadwy yr iaith Gymraeg a'i threftadaeth a bygythiad yr Ysgol Fomio iddi a barodd iddo weithredu fel y gwnaeth. Datblygodd ei ddadl o dan bedwar pen. *Yn gyntaf*, yr arswyd a achosodd y syniad o Ysgol Fomio i nifer fawr o bobl ledled Cymru. Byddai ei sefydlu yn seinio cnul yr iaith a'r diwylliant Cymraeg yn un o'u cadarnleoedd olaf. Darlun o hynny oedd y modd y dymchwelwyd ffermdy Penyberth, a fu'n orffwysfan yn yr Oesoedd Canol i bererinion i Enlli ac yn destun moliant beirdd. *Yn ail*, yr ymdrechion a wnaed i rwystro'r cynllun. Bu'r gwrthdystio yn ei erbyn yn wrthdystio cenedlaethol. Amlinellodd hanes y protestio a'r deisebu a'r llythyru â'r llywodraeth, ac mor ofer fu'r cyfan. *Yn drydydd*, ymateb tra gwahanol y Weinyddiaeth Awyr i erfyniadau ysgolheigion a llenorion o Saeson am arbed rhannau o Loegr a oedd dan yr un bygythiad. Ac *yn bedwerydd*, cyfyng-gyngor arweinwyr yr ymgyrch yn wyneb agwedd galon-galed y llywodraeth. Penderfynwyd gweithredu i ddatgan argyhoeddiad bod codi'r Ysgol Fomio yn groes i bob egwyddor Gristnogol ac i osod yr achos 'gerbron y deuddeg ohonoch chwi, ein cyd-Gristnogion a'n cydwladwyr … a gofyn i chwi ein barnu'. Dwy fil o bunnoedd oedd cost y difrod a wnaeth y tân. Beth oedd hynny i'w gymharu â'r difrod a wynebai Gymru?

Wrth nesáu at derfyn ei araith, dywedodd:

magistrates court the previous month. Then, Edmund Davies addressed the jury in English on behalf of D J Williams and Lewis Valentine gave an address in Welsh that was laboriously translated, sentence by sentence, into English, with the haughty Anglican judge – the type of man who gave the law and the church a bad name in Wales – constantly interfering to remind the jury that it was 'the law of England' that applied in the court at Caernarfon and that it was futile to appeal, as Lewis Valentine had done several times, to the law of God.

Having seen how his co-defendant's address had been ruined by its ponderous translation, Saunders Lewis decided to address the jury in English. Soon after he began to speak, it is said that a Police Inspector tried to silence the crowd outside with the words, 'Don't disturb the court, dear friends. Saunders Lewis is giving an address now, and an excellent address it is, too'.

Saunders said at the outset that he did not deny that he and his two colleagues had started the fire in Llŷn. In fact, they had admitted to it in their letter to the Chief Constable. He insisted, however, that the action was no crime. On the contrary, it had been carried out in obedience to conscience and moral law. He was by profession a lecturer in Welsh literature. It was his awareness of the priceless value of the Welsh language and its heritage and the threat posed to these things by the Bombing School that had caused him to act as he did. He developed his argument in four parts. *First*, the horror with which a large number of people throughout Wales regarded the idea of a Bombing School. Setting it up would sound the death knell for the Welsh language and its culture in one of their last strongholds. A symbol of this was the way in which the farmhouse of Penyberth, in medieval times a resting place for pilgrims on their way to Bardsey Island and the subject of bardic eulogy, had been demolished. *Second*, the attempts made to stop the scheme. The protest against it had

fe welwn ym mhobman yn Ewrop heddiw lywodraethau'n datgan eu bod uwchlaw llywodraeth foesol Duw, nad ydynt yn cydnabod unrhyw gyfraith ond ewyllys y llywodraeth nac unrhyw allu ond gallu'r wladwriaeth. Hawlia'r llywodraethau hyn alluoedd absoliwt; gwadant hawliau personau a hawliau personau moesol. Gwadant y gellir eu herio ar sail unrhyw drefn foesol a mynnant lwyr ufudd-dod dynion. Yn awr, Anffyddiaeth yw hynny. Gwadu Duw ydyw, gwadu cyfraith Duw. Ymwrthod â holl draddodiad Cristnogol Ewrop a chychwyn teyrnasiad anhrefn.

Gofynnodd i'r rheithgor fod yn eofn. Gofynnodd iddynt ddod â rheithfarn a fyddai'n adfer egwyddorion Cristnogol i faes y gyfraith. Gofynnodd iddynt ddatgan ei fod ef a'i ddau gyd-ddiffynnydd yn ddieuog.

Wrth grynhoi'r achos, pwysleisiodd y barnwr drachefn mai ei ddyletswydd ef oedd gweinyddu 'cyfraith Loegr', cyfraith a edmygid ledled y byd gwareiddiedig. Mewn achos o'r math hwn yr oedd cyfraith Loegr yn mynnu bod y rheithwyr, os argyhoeddwyd hwy i'r diffynyddion wneud yr hyn y cyhuddwyd hwy ohono, yn eu cael yn euog. Yr oedd y diffynyddion wedi cyfaddef, yn gyntaf mewn llythyr at y Prif Gwnstabl, ac yna yn y llys, iddynt gyflawni'r weithred hon, 'ac y maent yn gofyn i chwi, ddeuddeg rheithiwr o Gaernarfon, ddweud yn eich dedfryd, er mai hwy a gyflawnodd y weithred, bod cyfiawnhad dros ei chyflawni oherwydd eu bod yn teimlo mai peth cywilyddus oedd i lywodraeth Prydain osod maes awyr yn y lle hwnnw'. Fodd bynnag, nid oedd cymhelliad y diffynyddion yn unrhyw amddiffyniad yng ngolwg y gyfraith. Os argyhoeddwyd y rheithgor mai hwy a gyneuodd y tân dan sylw – ac yr oedd y tri ohonynt wedi cyfaddef i hynny – nid oedd ond un reithfarn yn bosibl, sef eu bod yn euog. Am dri munud ar ddeg i bump o'r gloch, gyrrwyd y rheithgor allan i ystyried eu dedfryd.

Dychwelsant i'r llys ymhen tri chwarter awr. Yn ôl y cofnod

been a national one. He outlined the history of the campaign, the petitioning of the government, the correspondence, and how it had all been in vain. *Third*, the very different response of the Air Ministry to the supplications of English scholars and writers on behalf of areas in England that had been similarly threatened. And *fourth*, the campaign leaders' dilemma in the face of the government's hard-hearted attitude. A decision had been taken to act in order to proclaim a conviction that setting up the Bombing School was contrary to every Christian principle and to put the case 'before the twelve of you, our fellow-Christians and compatriots ... and ask you to judge us'. The cost of the damage caused by the fire was two thousand pounds. What was that compared with the damage that would be done to Wales?

As he approached the end of his speech, he said:

> everywhere in Europe today we see governments asserting that they are above the moral law of God, that they recognize no other law but the will of the government, and that they recognize no other power but the power of the state. These governments claim absolute powers; they deny the rights of persons and of moral persons. They deny that they can be challenged by any code of morals, and they demand the absolute obedience of men. Now that is Atheism. It is the denial of God, of God's law. It is the repudiation of the entire Christian tradition of Europe, and it is the beginning of the reign of chaos.

He asked the jury to be brave. He asked them to bring a verdict that would restore Christian principles to the law. He asked them to find him and his two co-defendants not guilty.

In his summing up, the judge re-emphasized that it was his duty to administer 'the law of England', a law that was admired throughout the civilized world. In a case of this kind, the law of England demanded that the jurors, if they were convinced that the

Saesneg swyddogol, gofynnodd y clerc iddynt a oeddynt yn gytûn ar eu dedfryd ac atebodd eu blaenor, Harlech Jones, 'Ydym. Yr ydym wedi methu cytuno'. Gofynnodd y barnwr, 'Oes yna unrhyw siawns y gallwch gytuno?' a daeth yr ateb, 'Mae arnaf ofn, f'Arglwydd, nad oes yna unrhyw siawns o gwbl'. 'O'r gorau,' ebe'r barnwr, 'fe fwrir yr achos ymlaen i'r brawdlys nesaf.'

Bron ar unwaith, fe ddaeth y newyddion i glustiau'r dyrfa y tu allan i'r llys a dechreuodd floeddio a chanu ei chymeradwyaeth. Anfonodd y barnwr y Prif Gwnstabl i ofyn am ddistawrwydd, ond pan ymddangosodd y diffynyddion yn nrws y llys rhuthrodd y cannoedd ymlaen a cheisio'u cludo ar eu hysgwyddau mewn gorfoledd. Dilynodd y dorf y tri i swyddfa'r Blaid Genedlaethol yn Stryd Bangor ac, er bod yno blismyn lawer, dim ond pan apeliodd Saunders Lewis ar iddi 'fynd o'r ffordd a gadael y stryd yn glir i'r bysus fynd drwodd' y gwasgarodd.

Er bod pawb yn disgwyl gweld cynnal yr ail brawf yng Nghaernarfon, fe hysbyswyd y diffynyddion ddiwedd mis Tachwedd i'r Twrnai Cyffredinol, Syr Donald Somervell, wneud cais llwyddiannus gerbron Adran Mainc y Brenin am gael symud yr achos i'r Llys Canol yn Llundain. Y rheswm am hyn oedd bod cryfder y teimladau 'lleol' yn peri na ellid cynnal prawf 'teg a diduedd' yng Nghaernarfon. Yr oedd William Maurice Esplen Crump, y bargyfreithiwr yn swyddfa'r Cyfarwyddwr Erlyniadau Cyhoeddus a ofalai am yr achos yng Nghaernarfon, wedi tystio i'r rheithgor, 'er gwaetha cyfaddefiad y diffynyddion am y gweithredoedd a wnaethant ... hysbysu'r barnwr dysgedig eu bod wedi methu cytuno ar ddedfryd'. Gorchmynnwyd i'r tri diffynnydd, felly, ymddangos gerbron y llys ar 7 Rhagfyr i ddangos rheswm paham na ddylid eu profi gerbron y Llys Canol. Y tro hwn, yr oedd bargyfreithiwr yn cynrychioli pob un o'r tri. Dadleuodd Norman Birkett, ar ran Lewis Valentine, mai unwaith erioed y symudwyd prawf i Lundain

defendants had committed the act of which they were accused, should find them guilty. The defendants had admitted, first in a letter to the Chief Constable, and then in court, that they had committed this act, 'and they are asking you, as twelve jurymen of Caernarfon, to state in your verdict that, although it was they who committed the act, they were justified in doing so because they felt that they had been outraged by the British Government's locating the aerodrome in that place'. However, the defendants' motive was no defence in law. If the jury was convinced that it was they who lit the fire in question, and the three defendants had admitted it, there was only one possible verdict; they were guilty. At thirteen minutes to five o'clock, the jurors were sent out to consider their verdict.

They returned to the court three quarters of an hour later. According to the official English court record the clerk asked them whether they were agreed on their verdict. Their foreman, Harlech Jones, replied, 'We are. We have failed to agree.' The judge asked, 'Is there any chance of you agreeing?', and the reply came, 'I am afraid, my Lord, there is no chance.' 'Very well,' said the judge, 'then the case will go over to the next assize.'

Almost immediately, the news reached the crowd outside the court, which started shouting and singing its approval. The judge sent out the Chief Constable to ask for silence, but when the defendants appeared at the court door, hundreds surged forward and tried to carry them on their shoulders in jubilation. The crowd followed them to the National Party's office in Bangor Street and, despite the presence of many police officers, it was only when Saunders Lewis appealed for people 'to stand aside and clear the road so that the buses can pass' that it dispersed.

Everyone expected the second trial to be held at Caernarfon, but at the end of November the defendants were informed that the Attorney General, Sir Donald Somervell, had successfully applied

wedi i'r rheithgor anghytuno, ac yr oedd hynny oherwydd bod tystiolaeth i rywrai ymyrryd â'r rheithwyr. Nid oedd awgrym bod dim byd o'r fath wedi digwydd yn yr achos hwn. Swm a sylwedd dadl y rhai a wnâi'r cais oedd i'r rheithwyr yng Nghaernarfon anghytuno pan ddylasent fod wedi cael y tri diffynnydd yn euog. Ni ddywedwyd beth oedd rhesymau'r rheithwyr dros anghytuno ac, felly, ni ellid honni na weithredwyd cyfiawnder. Ni symudwyd ers canrifoedd yr un achos o Gymru i Loegr. Os oedd angen symud y prawf o Gaernarfon, pam nad ei symud i Ruthun neu Gaerdydd? Er gwaetha'r dadleuon hyn oll, fodd bynnag, cydsyniodd y barnwyr â'r cais.

Am hanner awr wedi dau brynhawn Mawrth, 19 Ionawr 1937, y daeth yr achos gerbron y Llys Canol. Nid oedd gan yr un o'r tri diffynnydd fargyfreithiwr i'w gynrychioli'r tro hwn, a daeth yn amlwg yn bur fuan nad oeddynt yn barod i gydnabod awdurdod y llys. Pan ofynnwyd iddo a fynnai groesholi'r tyst cyntaf, atebodd Saunders Lewis yn Gymraeg, 'Nid wyf fi am fy amddiffyn fy hun yn y llys hwn, oblegid gwadaf hawl y llys ...' Ar hynny, torrodd y barnwr ar ei draws, ac wedi holi a fedrai Saesneg, a chael ar ddeall oddi wrth yr Arolygydd W M Hughes, Pwllheli, ei fod ef a Lewis Valentine yn hyddysg yn yr iaith honno, fe ddywedodd, 'John Saunders Lewis, os ydych am ofyn cwestiwn i'r tyst hwn, fe'i gofynnwch yn Saesneg neu ddim o gwbl'. Ysgydwodd Saunders Lewis ei ben. Gwrthododd Lewis Valentine yntau ddweud dim yn Saesneg. Nid oedd neb yn y llys, fodd bynnag, a allai dystio bod D J Williams, athro Saesneg Ysgol Ramadeg Abergwaun, yn medru Saesneg ac felly fe ganiatawyd cyfieithydd iddo. Pan ofynnwyd iddo a oedd am groesholi'r tyst, fe atebodd, 'Nid wyf fi am ofyn yr un cwestiwn yn y llys hwn, oherwydd nad wyf yn cydnabod awdurdod y llys am fod yr achos wedi ei symud o'm gwlad fy hun'. Ar derfyn yr achos, a neb o'r tri wedi croesholi'r un o dystion yr erlyniad na galw'r un tyst i roddi tystiolaeth drostynt na rhoddi

to the Division of the King's Bench for the case to be moved to the Central Court in London. The reason given was that the strength of 'local' feeling meant that a 'fair and unbiased' trial could not be held in Caernarfon. William Maurice Esplen Crump, the barrister from the office of the Director of Public Prosecutions who had been responsible for the case in Caernarfon, had testified that the jury, 'despite the defendants admitting to the acts that they had committed ... informed the learned judge that they had failed to agree on a verdict'. Thus, the three defendants were instructed to appear in court on 7 December to provide a reason why they should not be tried at the Central Court. This time, all three were represented by a barrister. Norman Birkett, on behalf of Lewis Valentine, argued that only once before had a case been moved to London because the jury had disagreed, and that was because there was evidence that there had been some tampering with the jury. There was no suggestion that anything of the kind had happened in this case. The sum and substance of the applicants' argument was that the jurors at Caernarfon had disagreed when they ought to have found the defendants guilty. The jurors had not given any reasons for their disagreement and, therefore, it could not be alleged that justice had not been administered. Not for centuries had a case been moved from Wales to England. If it was necessary to move this trial from Caernarfon, why not move it to Ruthin or to Cardiff? Despite all these arguments, however, the judges approved the application.

At half past two on the afternoon of Tuesday, 19 January 1937, the trial began at the Central Court. Not one of the three defendants was represented by a barrister this time, and it soon became apparent that they did not acknowledge the court's authority. When he was asked whether he wished to cross-examine the first witness, Saunders Lewis replied in Welsh, 'I am not going to defend myself in this court, because I deny the court's authority ...' At that, the judge interrupted

tystiolaeth drostynt eu hunain, fe ychwanegodd D J Williams, 'Nid wyf am roddi tystiolaeth na galw tystion nac am bledio'n euog na dieuog. Gyda phob parch i'r rheithwyr Seisnig hyn, nid ystyriaf y gall neb wneud cyfiawnder â'n hachos ni ond rheithwyr o'n cyd-genedl'.

Ychydig funudau a gymerodd i'r barnwr grynhoi'r achos. Pan ofynnodd i'r rheithwyr ystyried eu dedfryd, ni wnaeth y rheini ond troi at ei gilydd yn eu seddau ac ateb, o fewn eiliadau, 'Euog'. Wedi rhoi pregeth fer ar amhriodoldeb troseddu, waeth beth y rheswm a roddid am hynny, fe gyhoeddodd y barnwr, 'Fe'ch cedwir chwi, bob un ohonoch, yn y carchar, yn yr ail adran, am naw mis calendr'. Ac, oddeutu ugain munud wedi pedwar y prynhawn, fe arweiniwyd y tri i lawr y grisiau o'r llys i gychwyn ar eu penyd-wasanaeth yng ngharchar Wormwood Scrubs yn Llundain.

and, having inquired whether he could speak English and being informed by Inspector W M Hughes, Pwllheli, that both Saunders Lewis and Lewis Valentine were proficient in that language, he said, 'John Saunders Lewis, if you want to ask this witness a question, you will ask it in English or not at all'. Saunders Lewis shook his head. Lewis Valentine too refused to say anything in English. However, there was no one in court who could testify that D J Williams, the English master at Fishguard Grammar School, had any knowledge of English, and he was, therefore, allowed a translator. When he was asked whether he wanted to cross-examine the witness, he replied, 'I am not going to ask any question in this court, because I do not recognize the court's authority, since the case has been moved from my country'. At the end of the hearing, without any one of the three defendants having cross-examined any of the prosecution witnesses or called witnesses of their own or given evidence themselves, D J Williams added, 'I am not going to give evidence – or call witnesses – or plead guilty or not guilty. With all due respect to these English jurors, I do not believe that anyone can do justice to our case except a jury of our compatriots'.

The judge's summing up of the case took only a few minutes. When he asked the jurors to consider their verdict, they merely consulted with one another in their seats and replied in seconds, 'Guilty'. After delivering a short address on the impropriety of breaking the law, for whatever reason, the judge announced, 'You will be kept, each one of you, in prison, in the second division, for nine calendar months'. And, at about twenty minutes to four that afternoon, the three were led down the stairs from the court to begin their sentence at Wormwood Scrubs prison, London.

Saunders Lewis (ar y dde) gyda'i ddau frawd, Owen a Ludwig
Saunders Lewis (on the right) and his two brothers, Owen and Ludwig

Lluniau trwy garedigrwydd Siwan Jones ar ran teulu Saunders Lewis
Images by kind permission of Siwan Jones on behalf of Saunders Lewis's family

Saunders Lewis adeg
y Rhyfel Byd Cyntaf
*Saunders Lewis during
the First World War*

Margaret Gilcriest, a briododd
Saunders Lewis ym 1924
*Margaret Gilcriest, whom
Saunders Lewis married in 1924*

Saunders Lewis gyda'i
wraig, Margaret, a'u
merch, Mair
*Saunders Lewis with his
wife, Margaret, and their
daughter, Mair*

Y Tri – Lewis Valentine, Saunders Lewis a D J Williams ym 1936
The Three – Lewis Valentine, Saunders Lewis and D J Williams in 1936

Penyberth – dymchwelwyd y tŷ i wneud lle i'r Ysgol Fomio
Penyberth – the house was demolished to make way for the Bombing School

Saunders Lewis Talks To 12,000

NATIONALISTS ATTACK GOVERNMENT SYSTEM

"WALES IN SLAVERY: BREAK ENGLISH TYRANNICAL LAWS" CRY

AN attack on the system of English government of Wales was made by the three Welsh Nationalist leaders when they addressed 12,000 people at a Nationalist demonstration at Caernarvon, on Saturday night.

Mr. Saunders Lewis, the former

UNDERS LEWIS A'I EILLION

g GWENT ap CLASNANY.

laernarfon, peidiref y Goglodd, dros heolydd ar hugain, mae'r rhai o ni a aeth yn cwn delaid wedi dydd ar y mynydd, ond yn gwn

AMERICA'S TRAVEL BILL

American tourists are spending about £120,000,000 on travel this year, and a substantial part of this came to England, during the Coronation festivities, says Reuter from Washington.

sydd yn galw am ei ddewrat ddyn' dyma le, Saunders Lewis."

Deng muned o gapio buddarol, cencur argument yn awyr, tonnu noedd o gapiau yr yr awyr, tonnu mawr o fonllefau le pobol neb yn gallu m'r arweinydd el hun yn gorfod

Swansea colicga lecturer, said that the bombing school in Lleyn was a witness manifest to the world of the tyranny of English government in Wales. Just as Caernarvon castle was raised in the 13th century to subjugate the spirit of the Welsh nation and to destroy its independent life, so, in this century, the bombing range had been established in an essentially Welsh part of North Wales with the intention of destroying the language, the traditions, and the spiritual life of Wales.

"OPEN INJUSTICE"

Mr. Saunders Lewis said the whole legal system had been revealed as an open injustice from the moment the court at which he and his two colleagues were tried opened in Caernarvon nearly a year ago, blow after blow had been struck, indicating that the Welsh were a subject race, and showing that the Welshman had not the rights in Wales that the Indian had in India or the Englishman in England.

"Everything was done to prevent our defence being understood and appreciated by the jury," he declared. "Yet our argument went home, and the English Government saw that a second trial in Caernarvon or anywhere else in

---

CAPTURED STEAMER HOME FROM SPAIN

CAPTAIN'S STORY OF VAIN ATTEMPT TO ENTER GIJON

CAPTURED by Spanish Nationalist cruisers on July 18, the s.s. Candlestone Castle, whose master, Captain Lewis Herbert, hails from Borth, Cardiganshire, arrived at Cardiff Docks to-day.

Interviewed by an "Evening Post" representative, Captain Herbert said his vessel was captured when he was endeavouring to enter Gijon, in order to take off refugees.

"When we tried to get into the port," he said, "everything appeared to be in a state of chaos, and though we were chartered by the Spanish Government we were fired on by shore batteries. Dashing for safety, we ran straight into a couple of Nationalist cruisers, and were escorted to Ferrol.

"A British warship came up and inquired whether we required assistance, but we were bound to admit that we were in Spanish territorial waters at the time the Nationalist vessels captured us.

"TREATED HANDSOMELY."

"From the time we arrived at Ferrol we were treated handsomely, and apart from the fact that we were not allowed ashore, we suffered no inconvenience."

Captain Herbert added that conditions at Ferrol were vastly different from those at Santander, when it was Government hands.

"We took off 1,400 refugees from Santander," he continued, "but the whole of the time we were in that port, we had to live on provisions we had on board. At Ferrol

ELEPHANT BELLS CRAZE IN HOLLYWOOD

All because of the filming of a Kipling story an epidemic of elephant bells is raging in Hollywood.

It started with the return from India of Mr. Hugh Hunt, assistant producer of the film "Kim." Mr. Hunt brought an elephant bell back with him, and presented it to Miss Myrna Loy.

An elephant bell, like a cow bell, is attached to the animal's neck and each has a peculiar note enabling the owner to locate his elephant in the herd.

Miss Loy has hung it in the outer hall of her Beverly Hills home and it is used to announce visitors. Other stars, envious of this novelty, have besieged Mr. Hunt with demands for similar bells.

BIGGER SALARIES FOR GLAMORGAN

Daeth 12,000 o bobl i'r cyfarfod croeso ym Mhafiliwn
Caernarfon, 11 Medi 1937, yn dilyn rhyddhau'r Tri o'r carchar
*A crowd of 12,000 people attended the welcome meeting at Caernarfon
Pavilion, 11 September 1937, following the release of the Three from gaol*

Write nothing in this margin but the number of your answer.

Llythyr

KATE ROBERTS 2916

At Etholwyr Prifysgol Cymru

Foneddigion,

Gwahoddwyd fi gan ganghennau'r Blaid
Genedlaethol yng ngholegau Prifysgol Cymru i fod
yn ymgeisydd am sedd seneddol y Brifysgol.
Derbyniais y gwahoddiad ac erfyniaf yn awr am
eich pleidleisiau yn yr etholiad sy'n dyfod.

Sgrifennodd golygydd ariannol y *Times*,

Medi 28:

"Nid fel rhan o'i pholisi yr ymadawodd
Prydain Fawr â'r Safon Aur, Medi 21; yn
hytrach, fe'i bwriwyd oddi wrthi."

Y mae'r addefiad yn nodedig. Ei ystyr yw bod prif
amcan Lloegr mewn gwleidyddiaeth er 1919 wedi
methu. Er iddi geisio diystyru amgylchiadau
newydd y byd ar ôl y rhyfel, er iddi ymegnïo'n
gibddall a chyndyn i ail-sefydlu arferion
gwleidyddol ac economaidd y bedwaredd ganrif ar
bymtheg, gorchfygwyd hi. Gallwn gydnabod
rhyfyg gorffwyll arianwyr dinas Llundain,
a frwydrodd hyd at yr awr olaf dros eu breintiau
cydwladol ac a frwydra eto i'w hadennill; ond
ar bobl gyffredin Lloegr a Sgotland, ac yn
arbennig ar bobl Cymru, y disgynnodd y baich
o dalu am eu cyndynrwydd creulon, ac fe erys
yn faich arnynt eto'n hir. Yn rhy ddiweddar,

Anerchiad Saunders Lewis at etholwyr
Prifysgol Cymru, 1943, yn ei lawysgrifen ei hun
Saunders Lewis's address to the University of
Wales electors, 1943, in his own handwriting

Saunders Lewis yn mwynhau gwydraid o win mewn
derbyniad gan Gyngor Celfyddydau Cymru, 1969
Saunders Lewis enjoying a glass of wine at an
Arts Council of Wales reception, 1969

Saunders Lewis yn ei gartref ym 1962, cyn
darlledu ei ddarlith, 'Tynged yr Iaith'
*Saunders Lewis at his home in 1962, shortly before
broadcasting his lecture 'The Fate of the Language'*

Protest gyntaf Cymdeithas yr Iaith Gymraeg;
pont Trefechan, Aberystwyth, 1963
The Welsh Language Society's first protest;
Trefechan bridge, Aberystwyth, 1963

PENNOD 3

Llenydda

CAFWYD CIPOLWG ar fywyd yn Wormwood Scrubs yn y ddrama *Cell y Grog* a gyhoeddodd Saunders Lewis yn y cylchgrawn *Taliesin* ym 1975:

> Carchar ydy carchar i'r swyddogion hefyd.
>
> Cerdded y coridorau, sbïo drwy'r tyllau gwydr ar y moch yn gorwedd fel clwt, gwylio yn y gweithdy rhag bod neb yn hel celfi i'w gell: drwgdybio pob symud, mi all cyllell daro mewn chwinciad; rheoli parêd y potiau cachu i'r tŷ bach bob bore.
>
> Hanner pan yw hanner y troseddwyr, llanciau'n llyncu nodwydd neu siswrn er mwyn cael sbel yn yr ysbyty.
>
> ... Taclau drwg ydy'r lleill, y bwli a'r cnaf a'r cocyn. Casgliad o bobl fel yna ydy carchar a llu o swyddogion yr un brid a'r un fath; uffern rhwng gwaliau llwyd. A phawb, pawb, pob swyddog, rheolwr, troseddwr wedi hen, hen alaru ar y byw brwnt diobaith, di-bwynt.

Fe aeth Saunders Lewis yn sâl yno, a threuliodd gyfnod yn ysbyty'r carchar. Er ei fod yn rhugl mewn Ffrangeg, ymunodd â dosbarth elfennol yn yr iaith honno, a phenodwyd ef yn gyfieithydd i garcharor o Ffrancwr. Fe'i dewiswyd i gyflawni rhai dyletswyddau yn y capel Catholig, a rhoes hynny iddo freintiau arbennig. Fe'i gwnaed yn oruchwyliwr ar chwech o garcharorion a gweithredai'n aml fel math o ddirprwy swyddog. Ar un wedd, bu pethau'n haws iddo yn Wormwood Scrubs nag y buont i'w ddau gydymaith.

CHAPTER 3

Man of Letters

SAUNDERS LEWIS'S play *Cell y Grog* ('Condemned Cell'), published in the journal *Taliesin* in 1975, contains a glimpse of life in Wormwood Scrubs:

> Prison is prison for the officers too.
>
> Walking the corridors, looking through the glass holes at the pigs lying down like rags, watching in the workshop in case anyone takes tools to his cell; distrusting every movement, a knife can strike in a jiffy; controlling the parade of shit pots to the lavatory every morning.
>
> Half the convicts are demented, youths swallowing a needle or a scissors to get some time in hospital.
>
> ... The others are evil sods, the bully, the knave, the braggart. Prison is a collection of such people, and a host of officers of the same breed and the same type; hell between grey walls. And everybody, everybody, every officer, manager, convict sick to the gills of the brutal, hopeless pointless life.

Saunders Lewis fell ill, and spent some time in the prison hospital. Although he was fluent in French, he joined an elementary French class, and was appointed translator for a French prisoner. He was selected to carry out some duties in the Catholic chapel, a post that gave him extra privileges. He was made supervisor of six men, and often acted as a kind of deputy officer. In some respects, life was easier for him at Wormwood Scrubs than it was for his two colleagues.

Ar wedd arall, fodd bynnag, fe'i cosbwyd yn llawer llymach na hwy. Ar 15 Chwefror 1937, lai na mis wedi ei garcharu, fe benderfynodd Cyngor Coleg Prifysgol Cymru Abertawe, o 12 pleidlais i 11, ddod â'i gytundeb fel darlithydd i ben a chynnig ei swydd i'r myfyriwr ymchwil Melville Richards (Athro Cymraeg Coleg Prifysgol Gogledd Cymru, Bangor, 1965–73). Ar 22 Mai fe gynhaliwyd rali enfawr yn Abertawe i wrthwynebu'r penderfyniad, ond glynu o drwch blewyn at ei benderfyniad a wnaeth y Cyngor, a'r hyn a droes y fantol oedd bygythiad cwmni arfau i atal ei nawdd blynyddol i un o Gadeiriau'r coleg ped ailbenodid Saunders Lewis i'w swydd. Pan ryddhawyd y tri, felly, ar 27 Awst 1937, fe ddychwelodd Lewis Valentine i'w ofalaeth yn Llandudno a D J Williams i Ysgol Ramadeg Abergwaun ond, er gwaethaf eu croesawu gan dyrfa enfawr o 12,000 a ymgynullodd ym Mhafiliwn Caernarfon ar 11 Medi, gyda 7,000 arall yn sefyll y tu allan, yr oedd Saunders Lewis, gyda gwraig a merch fach i'w cynnal, yn ddi-waith ac yn wynebu anawsterau ariannol. Bu'n rhaid hefyd ymadael â'r cartref yn Ffordd Sant Pedr, y Mwmbwls.

Cafodd ef a'r teulu loches am gyfnod yn yr Hen Dŷ, Aber-mad, ger Aberystwyth, a rhoddodd ei gyfaill Moses Griffith iddo denantiaeth fferm Llwynwnwch, Pontarfynach. Buasai Moses Griffith (1893–1973) yn gyd-swyddog â Saunders Lewis yn y Rhyfel Mawr. Ef oedd trysorydd cyntaf y Blaid Genedlaethol. 'Am ddeugain mlynedd,' meddai Saunders Lewis amdano, 'buom fel brodyr. Ef oedd yr haelaf a'r caredicaf a'r ffyddlonaf a adnabûm. ... Bu cyfnod yr oedd hi'n weddol gyfyng arnaf i, ac i un o duedd braidd yn afradlon yr oedd hynny weithiau'n gaethiwus. Cymerodd Moses Griffith fi'n denant iddo ar fferm fynydd a dysgu imi elfennau ffarmio defaid. Gofalodd fy mod i ar fy ennill rywfaint bob blwyddyn.'

Ym 1940 fe'i gwahoddwyd gan y Tad Malachi Lynch i ddysgu iaith a llenyddiaeth Gymraeg yng Ngholeg Mair, Coleg Urdd y

In another respect, however, he was punished far more severely than they. On 15 February 1937, less than a month after his imprisonment, the Council of the University College of Wales, Swansea, decided, by 12 votes to 11, to terminate his contract as lecturer and to offer his post to the research student Melville Richards (Professor of Welsh at the University College of North Wales, Bangor, 1965–73). On 22 May a huge rally was held at Swansea to oppose the sacking but the Council, by a narrow margin, stuck to its decision. What tipped the balance was the threat made by an arms company to withdraw its annual patronage of one of the college Chairs should Saunders Lewis be reappointed. Therefore, when the three protestors were freed, on 27 August 1937, Lewis Valentine returned to his pastorate in Llandudno and D J Williams to Fishguard Grammar School but, despite being welcomed by an enormous throng of 12,000 people who were gathered in Caernarfon Pavilion on 11 September, and a further 7,000 standing outside, Saunders Lewis, with a wife and a young daughter to support, was unemployed and facing financial difficulties. He and the family had to leave their home in St Peter's Road, Mumbles.

They found refuge for a while at the Old House, Aber-mad, near Aberystwyth, and his friend Moses Griffith gave him the tenancy of Llwynwnwch farm, Devil's Bridge. Moses Griffith (1893–1973) had been a fellow-officer in the Great War, and was the National Party's first treasurer. 'For forty years,' Saunders Lewis wrote of him, 'we were like brothers. He was the most generous, the kindest, the most loyal person I have ever known. ... There was a time when my circumstances were fairly tight, and to someone of a somewhat prodigal tendency, this was sometimes restrictive. Moses Griffith took me as a tenant of his at a mountain farm and taught me the rudiments of sheep-farming. He made sure that I made a little profit every year.'

Carmeliaid, yn Aberystwyth (Castell Brychan, canolfan Cyngor Llyfrau Cymru erbyn hyn), a symudodd y teulu i Lygad y Glyn, Llanfarian, lle buont yn byw tan 1952. Bu'n dysgu ar yr un pryd yn yr ysgol Gatholig yn Nhre-gib ger Llandeilo, ac fe'i penodwyd ym 1948 yn Arolygwr Ysgolion. Nid oedd yr amryfal swyddi hyn, fodd bynnag, yn ddim ond ffon bara. O 1937 ymlaen, er iddo barhau yn Llywydd y Blaid Genedlaethol tan 1939 ac mai ef oedd ei haelod amlycaf am flynyddoedd wedi hynny, fe ymroes yn llwyr i ysgrifennu creadigol a newyddiadurol.

Ar 2 Mawrth 1937 cawsai'r tri charcharor o Gymro yn Wormwood Scrubs ganiatâd gan y llywodraethwr i wrando ar ddarllediad o ddrama newydd gan Saunders Lewis a gawsai ei chomisiynu gan reolwr y BBC yng Nghymru, Rhys Hopkin Morris, ym mis Tachwedd 1936, rhwng yr achosion llys yng Nghaernarfon a Llundain. Enw'r ddrama oedd *Buchedd Garmon*. Mae'n adrodd hanes gwahodd Garmon, esgob Auxerre yng Ngwlad Gâl, yn y flwyddyn 429 i ymweld â Phrydain i wrthwynebu heresi Pelagiaeth, a oedd yn ysgubo trwy'r wlad ac a ddysgai na ddifwynodd y pechod gwreiddiol mo'r natur ddynol ac y gall ewyllys dyn o hyd ddewis y da yn lle'r drwg heb unrhyw gymorth dwyfol. Daw'r brenin, Emrys Wledig, i ofyn i Garmon am gymorth yn erbyn byddin o Bictiaid a Sacsoniaid paganaidd sy'n ymosod ar ei wlad. Ef, yn y ddrama, sy'n llefaru'r geiriau adnabyddus:

In 1940 Saunders Lewis was invited by Father Malachi Lynch to teach Welsh language and literature at St Mary's College, the College of the Carmelite Order in Aberystwyth (now Castell Brychan, headquarters of the Welsh Books Council), and he and his family moved to Llygad y Glyn, Llanfarian, where they lived until 1952. At the same time, he also taught at Tre-gib Catholic school, near Llandeilo. In 1948 he was appointed Inspector of Schools. These various posts, however, were simply a means of sustenance. From 1937 onwards, although he remained President of the National Party until 1939 and was its most prominent member for many more years, Lewis devoted himself entirely to creative and journalistic writing.

On 2 March 1937 the three Welsh prisoners at Wormwood Scrubs had been given permission by the governor to listen to a broadcast of a new play by Saunders Lewis which had been commissioned by the BBC controller in Wales, Rhys Hopkin Morris, in November 1936, between the Caernarfon and London trials. The play was entitled *Buchedd Garmon* ('The Life of St German'). It tells the story of Germanus, bishop of Auxerre in Gaul who, in 429, visited Britain to oppose the Pelagian heresy that was sweeping through the land, teaching that original sin did not defile human nature and that human will can still, without any divine assistance, choose good over evil. The king, Emrys Wledig (Ambrosius Aurelianus), asks Germanus for assistance against an army of pagan Picts and Saxons who are attacking his country. It is he, in the play, who speaks the well-known words:

Gwinllan a roddwyd i'm gofal yw Cymru fy ngwlad,
i'w thraddodi i'm plant, ac i blant fy mhlant,
yn dreftadaeth dragwyddol.
Ac wele'r moch yn rhuthro arni, i'w maeddu.
Minnau yn awr, galwaf ar fy nghyfeillion,
cyffredin ac ysgolhaig.
Deuwch ataf i'r adwy: sefwch gyda mi yn y bwlch,
fel y cadwer i'r oesoedd a ddêl y glendid a fu.

Thema'r ddrama yw amddiffyn gwareiddiad – amddiffyn dysgeidiaeth uniongred yr Eglwys ac amddiffyn yr Eglwys ei hun rhag dinistr. Mae'n nodweddiadol o'i hawdur mai'r gwareiddiad Lladin yw'r gwareiddiad sydd o werth. Fe all mai diwinydd brodorol o Brydain oedd Pelagiws, ond Garmon, cynrychiolydd uniongrededd Eglwys Rufain, sy'n ennill y dydd. Yn ôl y mynach o hanesydd, Gildas (c.500–570), yn ei draethawd *De Excidio Britanniae* ('Ynghylch Dinistr Prydain'), yr oedd Emrys Wledig, neu Ambrosius Aurelianus, a rhoi iddo ei enw Lladin, o deulu Rhufeinig. Honna'r ddrama, felly, mai brenin o Rufeiniwr, ac esgob yn Eglwys Rufain, a achubodd y gwareiddiad Cristnogol Cymraeg – a hynny, wrth gwrs, bron i ddwy ganrif cyn i Awstin Sant gyrraedd Caergaint yn y flwyddyn 597 i Gristioneiddio'r Saeson.

Buchedd Garmon oedd y gyntaf o ugain drama a gyhoeddodd Saunders Lewis rhwng 1936 a 1980. Fe'i dilynwyd gan *Amlyn ac Amig* (1940), *Blodeuwedd* (1948), *Eisteddfod Bodran* a *Gan Bwyll* (1952), *Siwan* (1956), *Gymerwch Chi Sigarét?* (1956), *Brad* (1958), *Esther* a *Serch yw'r Doctor* (1960), *Yn y Trên* (1965), *Cymru Fydd* (1967), *Problemau Prifysgol* a *Cyrnol Chabert* (1968), *Branwen, Dwy Briodas Ann* a *Cell y Grog* (1975), *1938* (1978) ac *Excelsior* (1980). Cyhoeddodd hefyd gyfieithiad o ddrama Samuel Beckett, *Waiting for Godot* – *Wrth Aros Godot* (1970). Ym 1978, teledwyd y ddrama *1938*, ond ni chyhoeddwyd mohoni tan y flwyddyn 2000, pan ymddangosodd

My country of Wales is a vineyard given to my care,
to deliver to my children, and my children's children,
an eternal heritage.
And behold the swine stampeding upon her to defile her.
I call now upon my colleagues,
lay and cleric.
Come to me in the chasm: stand with me in the breach,
that the purity of old may be preserved for the ages to come.

The play's theme is the protection of civilization – preserving the Church's orthodox doctrine and saving the Church itself from destruction. It is typical of the author that the civilization considered to be of value is Latin civilization. The theologian Pelagius may well have been a native of Britain, but here it is Germanus, the representative of Catholic orthodoxy, who is victorious. According to the monk-historian, Gildas (*c*.500–570), in his essay *De Excidio Britanniae* ('On the Destruction of Britain'), Ambrosius Aurelianus, or Emrys Wledig to give him his Welsh name, came from a Roman family. Therefore, the play alleges that it was a Roman king and a bishop in the Catholic Church who saved the Christian civilization of Wales – and all this, of course, happened nearly two centuries before Saint Augustine arrived at Canterbury in 597 to Christianize the English.

Buchedd Garmon was the first of twenty plays published by Saunders Lewis between 1936 and 1980. It was followed by *Amlyn ac Amig*, 1940; *Blodeuwedd*, 1948; *Eisteddfod Bodran* and *Gan Bwyll* ('Take Care'), 1952; *Siwan*, 1956; *Gymerwch Chi Sigarét?* ('Will You Have a Cigarette?'), 1956; *Brad* ('Treason'), 1958; *Esther* and *Serch yw'r Doctor* ('Love is the Medicine'), 1960; *Yn y Trên* ('In the Train'), 1965; *Cymru Fydd* ('Future Wales'), 1967; *Problemau Prifysgol* ('University Problems') and *Cyrnol Chabert* ('Colonel Chabert'), 1968; *Branwen, Dwy Briodas Ann* ('Ann's Two Marriages') and *Cell y*

ail gyfrol *Y Casgliad Cyflawn* o'i ddramâu dan olygyddiaeth Ioan M. Williams.

Seiliwyd *Amlyn ac Amig* – 'comedi', yn ôl yr is-deitl a roddodd ei hawdur iddi – ar chwedl boblogaidd o'r Oesoedd Canol, a gofnodwyd yn Llyfr Coch Hergest, am ddau gyfaill a dyngodd lw o deyrngarwch i'w gilydd. Yn nhreigl amser, trewir Amig â'r gwahanglwyf, a'r unig feddyginiaeth iddo yw ymolchi yng ngwaed dau fab Amlyn. Mewn ufudd-dod i'w lw, y mae Amlyn yn llofruddio ei feibion. Caiff Amig ei iacháu ac, er mawr syndod i'w dad, fe adfywir y meibion hwythau. Neges y ddrama, fel y sylwodd D Gwenallt Jones mewn adolygiad arni yn y cylchgrawn *Heddiw*, Tachwedd–Rhagfyr 1940, yw:

> [y] bydd ffydd yn gofalu bod yr hwrdd yn y drysni, a bod y cleddyf yn taro ond heb ladd, ond y mae rheswm a moesoldeb yn rhy lwfr i fentro ar hynny. A rhaid i Gristion fentro ar adfyd, ie, hyd yn oed ar lofruddiaeth, i ddod o hyd i lawenydd Duw. Dyna ffordd Duw. Dyna arwriaeth y Cristion. Dyna'r gomedi Gristionogol. A chomedi ysbrydol yw comedi Saunders Lewis.

Ychwanegodd Gwenallt: 'Ni fydd *Amlyn ac Amig* yn boblogaidd, mwy na *Buchedd Garmon*. Nid yw gwerin Cymru yn gwybod hanes Garmon a chwedl Amlyn ac Amig fel y gwyddai'r Groegiaid am ystorîau eu dramawyr hwy.'

Ategir yr union bwynt hwnnw gan Saunders Lewis ei hun yn ei Ragymadrodd i'r ddrama *Blodeuwedd*, lle y dywed: 'Byddai'n help i'w deall hi a deall y cymeriadau petai'r gynulleidfa Gymreig mor gyfarwydd â'r Mabinogi ag oedd cynulleidfa'r dramawyr Groegaidd â'u hen chwedlau hwy.'

Buasai *Blodeuwedd* ar y gweill ganddo er 1923 (cyhoeddwyd y ddwy act gyntaf yn *Y Llenor*, Gaeaf 1923 a Gaeaf 1924) a'r hyn a'i hysbrydolodd oedd gwylio portread yr actores Sybil Thorndike o'r arwres Roegaidd Medea, a'i dialedd ar ei gŵr, Iason, a'i bradychodd.

Grog ('Condemned Cell'), 1975; *1938* (1978) and *Excelsior* (1980). He also published a translation of Samuel Beckett's *Waiting for Godot – Wrth Aros Godot* (1970). The play entitled *1938* was televised in 1978, but was not published until the year 2000, in the second volume of the Complete Collection (*Y Casgliad Cyflawn*) of his plays, edited by Ioan M. Williams.

Amlyn ac Amig – a 'comedy', according to the author's subtitle for it – is based on a popular medieval tale, recorded in the Red Book of Hergest, about two friends who swore an oath of friendship to one another. With the passage of time, Amig is struck down by leprosy, and the only remedy is to wash in the blood of Amlyn's two sons. In obedience to his oath, Amlyn murders his sons. Amig is healed and, much to their father's surprise, the two boys are resuscitated. The play's message, as D Gwenallt Jones observed in a review in the periodical *Heddiw*, November–December 1940, is that:

> faith will ensure that there is a ram in the thorn bush and that the sword strikes without killing, but reason and morality are too cowardly to risk it. And a Christian has to risk adversity, yes even murder, to find the joy of God. This is God's way. This is Christian heroism. This is the Christian comedy. And Saunders Lewis's comedy is a spiritual comedy.

Gwenallt continued: '*Amlyn ac Amig* will not be popular, any more than *Buchedd Garmon*. The people of Wales do not know the story of Germanus and the tale of Amlyn and Amig as the Greeks knew the stories of their playwrights.'

This very point is corroborated by Saunders Lewis himself in the preface to his play *Blodeuwedd*, where he says: 'It would help to understand it, and to understand the characters, if the Welsh audience was as familiar with the Mabinogi as the audience of the Greek dramatists was with their legends.'

Drama ydyw am y ferch ym mhedwaredd gainc y Mabinogi a luniwyd o flodau ac nad oes ganddi, o ganlyniad, unrhyw ymdeimlad â moesau dynol. Gan fod ei chnawdolrwydd dilyffethair yn rhan o'i natur, heb iddi hi na'i ewyllysio na'i chwennych, ni ellir gweld bai arni, er bod ei chwantau – fel chwantau Monica yn y nofel o'r un enw – yn fygythiad i gymdeithas. Merch heb wreiddiau ydyw, cymeriad trasig sy'n ennyn tosturi yn gymaint â ffieidd-dod, ac sydd, yn y diwedd, yn cilio o fyd meidrolion i'r isfyd y daeth ohono.

Y mae chwedlau'r Mabinogi yn gefndir hefyd i'r ddwy ddrama nesaf, *Eisteddfod Bodran* a *Gan Bwyll*. Y drydedd gainc, 'Manawydan fab Llŷr', a ysbrydolodd gymeriadau a rhai golygfeydd yn *Eisteddfod Bodran*, ond dychan ar barchusrwydd y Gymru fodern ac ar rai o'i sefydliadau yw ei thema. Mynydd uwchben pentref Llanfair Talhaearn yn Sir Ddinbych yw Bodran. Fe'i cysylltir â'r bardd Talhaiarn (1810–69), un o gynrychiolwyr olaf y Gymru lawen gyn-Fethodistaidd, â'i heisteddfodau diotgar a chynhennus. I'w goffadwriaeth ef y cyflwynwyd y ddrama. Llanfair Talhaearn yw'r pentref nesaf hefyd at Blas Garthewin, yr oedd Saunders Lewis wedi dod yn gyfaill agos i'w sgweier, R O F Wynne, a oedd yntau yn genedlaetholwr ac yn Babydd, ac a oedd, ym 1937, wedi troi hen ysgubor y plas yn theatr. Ynddi hi, yn Awst 1950, y llwyfannwyd y ddrama am y tro cyntaf. Ar y gainc gyntaf, 'Pwyll, Pendefig Dyfed', y sylfaenwyd *Gan Bwyll*, ond bod yr awdur wedi llwyddo'n ddeheuig i ystumio'r hen chwedl i adleisio thema a awgrymwyd eisoes yn *The Eve of St John* a *Blodeuwedd*, sef peryglon gorfodi merch i briodi yn groes i'w hewyllys.

Mae'n debyg mai'r pedair drama a ysgrifennwyd rhwng 1956 a 1960 – *Siwan*, *Gymerwch Chi Sigarét?*, *Brad* ac *Esther* – yw dramâu aeddfetaf Saunders Lewis. Seiliwyd y gyntaf ar hanes Siwan, merch ordderch y brenin John, brenin Lloegr, a briododd Lywelyn Fawr, tywysog Gwynedd, ym 1205, i selio cytundeb a wnaed rhwng ei thad

He had been working on *Blodeuwedd* since 1923 (the first two acts were published in *Y Llenor*, Winter 1923 and Winter 1924). It was inspired by actress Sybil Thorndike's portrayal of the Greek heroine Medea and her vengeance on her husband, Jason, who had betrayed her. It is a play about the girl in the fourth branch of the Mabinogi who was made of flowers and who consequently has no awareness of human morality. Because her unfettered sensuality is part of her nature, without her willing it or desiring it, she cannot be blamed, even though her lust – like that of Monica in the novel of the same name – is a danger to society. She is a young woman without roots, a tragic character who arouses as much pity as repulsion and who finally withdraws from the world of mortals to the underworld whence she came.

The tales of the Mabinogi are the background also for the next two plays, *Eisteddfod Bodran* and *Gan Bwyll*. It was the third branch, 'Manawydan fab Llŷr', that inspired the characterization and some of the scenes in *Eisteddfod Bodran*, but the theme of the play is satire on the respectability of modern Wales and some of its institutions. Bodran is a mountain above the village of Llanfair Talhaearn in Denbighshire. It is associated with the poet Talhaiarn (1810–69), one of the last representatives of joyful, pre-Methodist Wales with its bibacious, quarrelsome *eisteddfodau*. The play is dedicated to his memory. Llanfair Talhaearn is also the nearest village to the Garthewin estate. Saunders Lewis was a close friend of the squire of Garthewin, R O F Wynne, who was himself a nationalist and a Catholic and who, in 1937, had converted an old barn on the estate into a theatre. It was in this theatre that the play was first staged. *Gan Bwyll* is based on the first branch, 'Pwyll, Pendefig Dyfed', but the author has skilfully succeeded in adapting the old tale to echo a theme already hinted at in *The Eve of St John* and *Blodeuwedd* – the dangers of forcing a girl to marry against her will.

ac yntau flwyddyn ynghynt. Bu'n anffyddlon i Lywelyn. Ym 1230, cafodd berthynas â Gwilym Brewys (William de Braose), arglwydd Normanaidd o Frycheiniog. Yn gosb am hynny, carcharwyd hi, a chrogwyd Gwilym Brewys o flaen llys y tywysog yng Ngarth Celyn, ger Abergwyngregyn. O fewn blwyddyn, fodd bynnag, ymddengys i Lywelyn a Siwan lwyr gymodi. Ym 1232 bu'n llysgennad iddo yn llys ei brawd, Harri III, yn Llundain.

Ar hanes diweddar iawn y seiliwyd *Gymerwch Chi Sigarét?*, sef hanes yr ysbïwr Rwsiaidd Nikolai Khokhlov (1922–2007), a ffodd i'r gorllewin ym 1953. Y flwyddyn honno, cawsai orchymyn i ddienyddio Georgi Sergeevich Okolovich, swyddog yn y blaid Wrth-Sofietaidd yr oedd ei phencadlys yng Ngorllewin yr Almaen. Yr arf a roddwyd iddo i gyflawni'r anfadwaith oedd gwn trydan ar siâp cas sigarennau a fyddai'n saethu bwledi seianeid i roi'r argraff mai trawiad ar y galon a achosodd y farwolaeth. Wedi trafod y gorchymyn gyda'i wraig, Yana, a ddywedodd wrtho na allai hi fod yn wraig i lofrudd, aeth Khokhlov i fflat Okolovich yn Frankfurt a dweud wrtho fod Pwyllgor Canolog y Blaid Gomiwnyddol wedi gorchymyn iddo ei lofruddio, ond na allai wneud hynny a'i fod am geisio lloches yn y gorllewin. O ganlyniad, fe arestiwyd Yana yn Rwsia, a'i dedfrydu i bum mlynedd o garchar. Yn y ddrama, cynrychiolir Khokhlov gan y cymeriad a elwir Marc, Okolovich gan Phugas ac Yana gan Iris, a chynyddir y tensiwn trwy wneud Iris yn Babyddes o argyhoeddiad y mae ei llaswyr, ar yr eiliad dyngedfennol, yn cwympo o gas sigarennau Marc.

Hanes diweddar yw cefndir *Brad* hefyd, sef y cynllwyn gan rai o arweinwyr milwrol yr Almaen i ladd Hitler yn ei bencadlys yn Ffau'r Blaidd ger Rastenburg yn nwyrain Prwsia ar 20 Gorffennaf 1944. Arweinydd y cynllwyn, mewn enw, oedd y Cadfridog Ludwig Beck, ond y gŵr a benodwyd i wneud y gwaith oedd y Cyrnol Claus von Stauffenberg, uchelwr o genedlaetholwr Almaenig a oedd hefyd yn Babydd. Aflwyddiannus fu'r cynllwyn. Er i'r bom a osododd

The next four plays, written between 1956 and 1960 – *Siwan*, *Gymerwch Chi Sigarét?*, *Brad* and *Esther* – are Saunders Lewis's most mature works. The first is based on the history of Siwan (Joan), the illegitimate daughter of King John of England who, in 1205, married Llywelyn the Great, prince of Gwynedd, to seal an agreement made between him and her father a year before. She was unfaithful to Llywelyn. In 1230, she had a relationship with Gwilym Brewys (William de Braose), a Norman lord from Brecknock. As punishment, she was imprisoned and Gwilym Brewys was hanged in front of the prince's court at Garth Celyn, near Abergwyngregyn. Within a year, however, it appears that Llywelyn and Siwan were totally reconciled. In 1232 she was an ambassador on his behalf at the court of her brother, Henry III, in London.

Gymerwch Chi Sigarét? is based on very recent history – the story of the Russian spy Nikolai Khokhlov (1922–2007), who defected to the west in 1953. That year, he had been ordered to execute Georgi Sergeevich Okolovich, an officer in the Anti-Soviet party which had its headquarters in West Germany. The weapon that he was given to fulfil the task was an electric gun in the shape of a cigarette case that shot cyanide bullets to give the impression that the death had been caused by a heart attack. Having discussed the order with his wife, Yana, who told him that she could not be a murderer's wife, Khokhlov went to Okolovich's flat in Frankfurt and told him that the Communist Party's Central Committee had ordered his execution, but that he could not carry out the order and that he was seeking asylum in the west. As a result, Yana was arrested in Russia and sentenced to five years' imprisonment. In the play, Khokhlov is represented by a character called Marc, Okolovich by Phugas and Yana by Iris, and the tension is increased by making Iris a devout Catholic whose rosary, at the fateful moment, falls out of Marc's cigarette case.

Stauffenberg ffrwydro, ychydig o niwed a gafodd Hitler, a bu ei ddial ar y cynllwynwyr yn enbyd. Arestiwyd oddeutu 5,000 o bobl a dienyddiwyd 200. Yn y ddrama, yr arwr yw Caisar von Hofacker, cefnder i Stauffenberg, a arestiwyd ar 26 Gorffennaf a'i grogi, ar ôl ei arteithio gan y Gestapo, ar 20 Rhagfyr. Dyfais ddramatig gan yr awdur yw'r garwriaeth rhwng Hofacker a'r cymeriad dychmygol Else. Cynyddir y tensiwn pan yw Albrecht, pennaeth y Gestapo, yn cynnig gwarantu i Else ddiogelwch Hofacker yn gyfnewid am noson o ryw gyda hi.

Ar y llyfr o'r un enw yn yr Hen Destament y seiliwyd y ddrama *Esther*, ond ei bod hefyd, wrth gwrs, yn cyfeirio at ymgais y Natsïaid yn yr Almaen i ddiddymu'r Iddewon. Gwraig Ahasferus, brenin Persia oddeutu 486–465 CC yw Esther, Iddewes a fagwyd gan ei chefnder, Mordecai. Wedi i Fordecai ennyn llid y Prif Weinidog, Haman, am wrthod ymgrymu iddo, cynllunia Haman i ladd nid yn unig Mordecai ei hun ond yr holl Iddewon yn ymerodraeth Persia, a phenoda ddyddiad at hynny, sef y trydydd dydd ar ddeg o fis Adar. Hysbysa Mordecai Esther mai'r unig ffordd y gellir atal y cynllun yw iddi hi fynd i bledio â'r brenin ar ran ei chenedl. Er y gŵyr Esther ei bod yn wynebu cosb o farwolaeth am fynd at y brenin heb iddo ef ei galw, y mae'n mentro ac, mewn moment ddramatig, y mae'r brenin yn estyn ei deyrnwialen ati yn arwydd nad yw i'w chosbi. Atgoffir y brenin i Fordecai unwaith achub ei fywyd trwy ddatgelu cynllwyn i'w ladd. Mae'n ffyrnigo at fwriadau Haman ac yn gorchymyn ei ddienyddio. Anrhydeddir Mordecai â swydd flaenllaw yn y llys a sefydla ŵyl flynyddol – gŵyl Pwrim – i goffáu achubiaeth yr Iddewon.

Y pedair trasiedi hyn yw uchafbwyntiau gwaith Saunders Lewis ar gyfer y theatr, ac y mae tebygrwydd rhyngddynt. Y mae a wnelont i gyd â chyfyng-gyngor, â'r angen i wneud dewis tyngedfennol a all newid y dyfodol – nid annhebyg, yn wir, i'r dewis a wnaeth eu hawdur yn achos Penyberth. Y mae Llywelyn yn dewis

Brad too has a modern background, namely the plot by some of Germany's military leaders to assassinate Hitler at his headquarters in Wolf's Lair, near Rastenburg, east Prussia, on 20 July 1944. The plot's nominal leader was General Ludwig Beck, but the man appointed to undertake the assignment was Colonel Claus von Stauffenberg, a German nationalist aristocrat who was also a Catholic. The plot failed. Although the bomb that Stauffenberg had placed did in fact explode, Hitler was unharmed, and his vengeance on the conspirators was brutal. A total of 5,000 people were arrested and some 200 executed. The play's hero is Caisar von Hofacker, Stauffenberg's cousin, who was arrested on 26 July and hanged, after being tortured by the Gestapo, on 20 December. The romance between Hofacker and the imaginary character, Else, is a dramatic device by the author. The tension is increased when Albrecht, head of the Gestapo, offers Else a guarantee of Hofacker's safety in exchange for a night of sex with her.

Esther is based on the Old Testament book of the same name, but it refers also, of course, to the German Nazi attempt to exterminate the Jews. Esther is the wife of Artaxerxes, king of Persia around 486–465 BC. She is a Jew, who has been brought up by her cousin, Mordecai. After Mordecai has angered the Prime Minister, Haman, by refusing to bow down before him, Haman conspires to kill not only Mordecai but all the Jews in the Persian empire, and sets a date for this, the thirteenth day of the month Adar. Mordecai informs Esther that the only way in which the plot can be halted is for her to go to the king to plead for her nation. Although Esther knows that she faces the death penalty for going unbidden to the king, she ventures and, in a dramatic moment, the king points his sceptre towards her as a sign that she is not to be harmed. The king is reminded that Mordecai once saved his life by revealing a conspiracy to assassinate him. He is incensed by Haman's intentions and orders

anrhydedd personol ar draul peryglu ei deyrnas; Marc yn cael ei orfodi i ddewis iachawdwriaeth bersonol ar draul colli ei wraig; Stauffenberg a Hofacker yn dewis gweithredu i achub yr Almaen, ond Beck yn dewis peidio, a thrwy hynny yn atal yr achubiaeth; ac Esther, yn wrthgyferbyniad llwyr i Beck, yn mentro ac yn llwyddo. Y mae a wnelont â mentro bywyd. Fe ŵyr Llywelyn y gall crogi Gwilym Brewys beri i'r Normaniaid geisio ei waed; fe ŵyr Iris y gall tröedigaeth Marc fod yn angau iddi hi; fe ŵyr y cynllwynwyr beth fydd y gosb am herio Hitler; ac fe ŵyr Esther y perygl o fynd heb ei galw at ei gŵr. Ac eithrio *Brad*, sy'n ddigyfaddawd dywyll, y mae a wnelont hefyd ag achub eneidiau ac â buddugoliaeth y da dros y drwg. Cymodir Llywelyn a Siwan; er gwaethaf holl bwysau didrugaredd yr awdurdodau Comiwnyddol, daw Marc yn Gristion; y mae gweithred Esther yn achubiaeth i genedl gyfan. Ac y mae ynddynt oll arwresau dewr a balch a phenderfynol – Siwan, Iris, Else ac Esther – etifeddesau Luned yn *Gwaed yr Uchelwyr* a Megan yn *The Eve of St John*.

Yn yr un gyfrol ag *Esther* fe gynhwyswyd hefyd libreto, swynol ei fydryddiaeth, i opera ysgafn o dan y teitl *Serch yw'r Doctor*. Fe'i gosodwyd i gerddoriaeth gan Arwel Hughes a'i pherfformio gyntaf ym 1960. Mae'n amlwg iddi gael ei seilio ar gomedi Molière, *L'amour Médecin*. Yr un yw ei chynllun a'i phrif gymeriadau – Sganarelle, Clitandre a Lucinde.

Yn nesaf, yn nhrefn eu cyfansoddi, daeth y tair drama *Excelsior*, *Problemau Prifysgol* ac *Yn y Trên*, y tair yn ddramâu a gomisiynwyd gan y BBC, a'r ddwy gyntaf yn ymdriniaethau dychanol â'r Gymru gyfoes. Teledwyd *Excelsior* ar Ddydd Gŵyl Ddewi 1962. Drama ydyw yn dychanu gwleidyddion Cymreig a fu'n genedlaetholwyr yn eu hieuenctid ond a droes at bleidiau eraill – y Blaid Lafur yn arbennig – i sicrhau gyrfa yn Llundain. Yr oedd y portread yn un digon realistig i beri i nifer o wleidyddion feddwl mai hwy oedd dan sylw, a bu'n

his execution. Mordecai is honoured with a prominent post at court, and establishes an annual festival – the festival of Purim – to commemorate the deliverance of the Jews.

These four tragedies are the highlights of Saunders Lewis's work for the theatre, and there are similarities between them all. They are all based on a dilemma, the need to make a crucial choice that will change the future – not, indeed, unlike the choice which their author made with regard to Penyberth. Llywelyn chooses personal honour at the risk of endangering his realm; Marc is forced to choose personal salvation at the expense of losing his wife; Stauffenberg and Hofacker choose to act to deliver Germany, but Beck chooses not to, and thus prevents the deliverance; and Esther, in complete contradiction to Beck, ventures and succeeds. They involve risking life. Llywelyn knows that to hang Gwilym Brewys may cause the Normans to seek his blood; Iris knows that Marc's conversion can lead to her death; the conspirators know what the punishment is for challenging Hitler; and Esther knows the danger of going, unbidden, to her husband. With the exception of *Brad*, which is uncompromisingly dark, they involve also the salvation of souls and the victory of good over evil. Llywelyn and Siwan are reconciled; despite all the merciless pressure of the Communist authorities, Marc becomes a Christian; Esther's action delivers a whole nation. And they all have courageous, proud and determined heroines – Siwan, Iris, Else and Esther – the heiresses of Luned in *Gwaed yr Uchelwyr* and Megan in *The Eve of St John*.

In the same volume as *Esther* there is also an enchanting metrical libretto for a light opera entitled *Serch yw'r Doctor* ('Love is the Medicine'). It was set to music by Arwel Hughes and first performed in 1960. It is obvious that it is based on Molière's comedy, *L'amour Médecin*. Its plot is the same, and so are its characters – Sganarelle, Clitandre and Lucinde.

rhaid i'r BBC dalu iawndal o £750 i un ohonynt, Llywelyn Williams, Aelod Seneddol Llafur Abertyleri, a fygythiai ddwyn achos o enllib. O ganlyniad, ataliwyd yr ailddarllediad arfaethedig o'r ddrama ym mis Ebrill; ni chyhoeddwyd mohoni tan 1980 na'i pherfformio ar lwyfan tan 1992. Ni chadwyd ychwaith at y bwriad i deledu'r ail ddrama, *Problemau Prifysgol*, ym 1963, ac ni chafodd ei chyhoeddi tan 1968. Dychan sydd ynddi hithau, ar Seisnigrwydd Prifysgol Cymru y tro hwn, a'i harwynebolrwydd llosgachol. Darlledwyd *Yn y Trên* ar Radio Cymru ar 8 Mai 1965. Drama fer ydyw, dan ddylanwad theatr yr absŵrd. Mae teithiwr gwallgof yn teithio heb docyn ar drên i Gymru. Dywed y gard anystywallt wrtho na ddaw'r trên byth i ben ei daith am fod llifogydd wedi ysgubo ymaith ryw bont neu'i gilydd, ond ni ellir ei atal. Golyga'r ffaith fod y teithiwr yn teithio yn y cerbyd dosbarth cyntaf nad teithiwr cyffredin mohono. Sylweddola fod ganddo ddewis: yn hytrach na disgwyl yn ddiymadferth i'r trên blymio dros y clogwyn lle bu'r bont, gall neidio allan ei hun, a dyna a wna. Gellir dehongli hyn naill ai fel hunanladdiad neu fel mentro'i siawns bod achubiaeth yn bosibl.

Adleisir thema *Yn y Trên* yn *Cymru Fydd*, drama gomisiwn Eisteddfod Genedlaethol Cymru, y Bala, 1967. Y prif gymeriad yw Dewi, delfrydwr a ddadrithiwyd ac a droes yn droseddwr yn y gred mai dyna'r unig ateb i abswrdiaeth y Gymru farw a di-Dduw sydd ohoni. Ar ddechrau'r ddrama, y mae wedi dianc o garchar i gartref ei dad, sy'n weinidog. Y mae ei gariad, Bet, sy'n genedlaetholwraig o Gristion, yn erfyn arno i ildio i'r heddlu, ac y mae yntau'n cytuno ar yr amod y caiff gysgu'r noson honno gyda hi. Pan gyrhaedda'r heddlu, fodd bynnag, y mae'n ei fwrw ei hun i lawr oddi ar do'r tŷ yn hytrach nag ildio. Yn ei ragymadrodd i'r ddrama, myn Saunders Lewis nad oes dim yn afresymol yn newis Dewi – onid yw'r Cymry am frwydro dros y pethau a luniodd Gymru, beth arall ond hunanladdiad sydd ar ôl iddynt?

Next, in the order of their writing, came *Excelsior, Problemau Prifysgol* and *Yn y Trên*, three plays commissioned by the BBC, the first two being satires on contemporary Wales. *Excelsior* was televised on St David's Day 1962. It is a play that satirizes Welsh politicians who were nationalists in their youth but who turned to other parties – the Labour Party in particular – to secure a career in London. The portrayal was realistic enough to cause some politicians to think that it referred specifically to them, and the BBC had to pay £750 in compensation to Llywelyn Williams, the Labour Member of Parliament for Abertillery, who was threatening to bring a case of libel. Consequently, the planned repeat broadcast in April was cancelled; the play was not published until 1980 and not performed on stage until 1992. Moreover, the BBC did not fulfil its intention of televising the second play, *Problemau Prifysgol*, in 1963, and it remained unpublished until 1968. It too is a satire, this time on the Englishness and the incestuous superficiality of the University of Wales. *Yn y Trên* was broadcast on Radio Cymru on 8 May 1965. It is a short play, influenced by the theatre of the absurd. An insane passenger is travelling without a ticket on a train in Wales. The surly guard tells him that the train will never reach the end of its journey because some bridge or other has been swept away by floods, but the train cannot be stopped. The fact that the passenger is travelling in the first class carriage shows that he is no ordinary passenger. He realizes that he has a choice: either to wait helplessly until the train plunges over the cliff where the bridge was, or jump out, which is what he does. This can be interpreted either as suicide or as a gamble that salvation is possible.

The theme of *Yn y Trên* is echoed in *Cymru Fydd*, commissioned by the National Eisteddfod of Wales at Bala, 1967. The main character is Dewi, a disillusioned idealist who has turned to crime in the belief that it is the only possible response to the absurdity of the dead,

Addasiad o nofel Honoré de Balzac, *Le Colonel Chabert*, yw *Cyrnol Chabert*, drama arall a gyfansoddwyd ar gyfer y radio. Ar ôl ei glwyfo mewn brwydr, tybir bod Hyacinthe Chabert, swyddog ym myddin Napoleon, wedi marw. Ymhen rhai blynyddoedd, fodd bynnag, y mae'n dychwelyd i Baris at ei wraig, Rosine, sydd bellach wedi priodi'r Cownt Ferraud ac wedi meddiannu holl eiddo Chabert. Penoda yntau'r cyfreithiwr Derville i geisio adfer ei eiddo a'i anrhydedd, ond y mae Derville hefyd yn cynrychioli Rosine. Cynigir cyfaddawd i Rosine, ond y mae hi'n ei wrthod oherwydd ei hariangarwch. Cynigir wedyn gyfaddawd i Chabert, ond y mae yntau'n ei wrthod oherwydd y byddai'n ddianrhydedd. Yn y diwedd, y mae'n derbyn ei dynged yn dlotyn digartref. Fe all fod Rosine yn y ddrama yn cynrychioli Cymru – y Gymru ariangar, fydol a oedd wedi cefnu ar ei hanes a'i hanrhydedd, a Chabert yn cynrychioli Saunders Lewis ei hun – y cyn-filwr nad oedd wedi llwyddo i ennill dim, ond yr oedd ei anrhydedd, serch hynny, yn ddilychwin.

Dramâu comisiwn gan y BBC yw *Branwen* a *Dwy Briodas Ann* hwythau. Teledwyd *Branwen* ar Ddydd Gŵyl Ddewi 1971. Er i sawl beirniad sylwi mor rhyfeddol o lwyddiannus oedd y sgript, yn enwedig o gofio nad oedd yr awdur yn berchen ar set deledu ei hun nac yn edmygydd mawr o'r cyfrwng, fe'i beirniadwyd hefyd am 'ymylu ar fod yn hunan-barodi'. Seiliwyd y ddrama ar ail gainc y Mabinogi, ond i'r awdur roi tro i'r stori a gwneud Branwen ac Efnisien yn gariadon llosgachol. Dyna'r rheswm paham y mae Efnisien yn taflu Gwern – mab Matholwch, yn ei dyb ef – i'r tân. Yn ddiweddarach, dywed Branwen wrtho mai ei fab ef oedd Gwern. Y mae hi wedyn yn ei ladd ac yna'n ei ladd ei hun.

Ym 1973 y teledwyd *Dwy Briodas Ann*, drama am briodas un o arweinwyr y Methodistiaid Calfinaidd, John Elias o Fôn, â gweddw Syr John Bulkeley, sgweier Presaddfed, ym 1829. Portreadir y briodas honno fel dolen gyswllt rhwng yr hen

godless Wales of his time. At the beginning of the play he has escaped from prison to the home of his father, who is a minister of religion. His girlfriend, Bet, who is a nationalist and a Christian, begs him to give himself up to the police, and he agrees on condition that he can sleep the night with her. When the police arrive, however, instead of surrendering, he throws himself down from the roof of the house. In his preface to the play, Saunders Lewis insists that there is nothing unreasonable in Dewi's choice – if the people of Wales will not fight for the things that have made Wales what it is, what else is there left for them but suicide?

Cyrnol Chabert is an adaptation of Honoré de Balzac's novel, *Le Colonel Chabert*, another play written for radio. After he has been wounded in battle, Hyacinthe Chabert, an officer in Napoleon's army, is believed to be dead. In a few years, however, he returns to Paris to his wife Rosine, who is now married to Count Ferraud and has appropriated all of Chabert's possessions. Chabert appoints the solicitor Derville to try to retrieve his property and his honour, but Derville also represents Rosine. Rosine is offered a compromise, but she refuses because of her greed. Chabert is then offered a compromise, but he too refuses because it would be dishonourable. In the end, he accepts his fate, that of a homeless pauper. It may be that Rosine in the play represents Wales – greedy, materialistic Wales which has renounced its history and its honour, while Chabert represents Saunders Lewis himself – the former soldier who fails to win anything but whose honour is nevertheless unbesmirched.

Branwen and *Dwy Briodas Ann* are also plays commissioned by the BBC. *Branwen* was televised on St David's Day 1971. Although several critics observed how extraordinarily successful the script was, especially since its author did not own a television set and was not a great admirer of the medium, it was also criticized for 'bordering on self-parody'. The play is based on the second branch of the Mabinogi,

ddosbarth o dirfeddianwyr yng Nghymru a'r bendefigaeth newydd o bregethwyr Methodistaidd yr oedd Saunders Lewis ei hun, wrth gwrs, yn ddisgynnydd iddi.

Flwyddyn yn ddiweddarach, ym mis Mawrth 1974, darlledwyd chwaer-ddrama i *Yn y Trên* ar y radio. Ei theitl oedd *Cell y Grog*, a sgwrs ydyw rhwng carcharor sy'n disgwyl ei ddienyddio, ond sy'n dymuno byw, a'r swyddog sy'n ei warchod, nad yw'n llawn llathen ac sy'n dymuno marw. Trosedd y carcharor oedd lladd ei gariad gwbl ddiwerth y gwastraffodd ei flynyddoedd gorau arni, a gwelodd rhai yn hynny symbol o berthynas Saunders Lewis â Chymru. Tybia'r swyddog, fodd bynnag, fod bywyd y carcharor yn ddifyrrach bywyd na'i fodolaeth ddiddigwydd ef ei hun, a myn eu bod yn ffeirio'u dillad. Dihanga'r carcharor yn lifrai'r swyddog ac wyneba'r swyddog ryddhad y crocbren. Er mawr arswyd iddo, fodd bynnag, fe newidir y gosb ar y funud olaf yn garchar am oes.

Y ddrama olaf yw 1938, a deledwyd ym 1978. Chwaer-ddrama i *Brad* yw hon. Y mae'n ymdrin â digwyddiadau yn yr Almaen yn ystod y blynyddoedd a arweiniodd at Gytundeb Munich 1938. Y mae Hitler yn paratoi i ymosod ar Siecoslofacia, sydd mewn cynghrair â Ffrainc a Phrydain. Nid yw'r Cadfridog Beck, a ŵyr nad yw'r Almaen yn filwrol barod, yn fodlon ei harwain i ryfel y bydd yn sicr o'i golli, ac y mae ef ac uchel-swyddogion eraill yn y fyddin yn cynllwynio i ddisodli Hitler. Dibynna'r cynllwyn, fodd bynnag, ar sicrwydd y bydd Prydain yn gwarantu sofraniaeth Siecoslofacia. Pan na wna Prydain ddim o'r fath, mae'r cynllwynwyr yn simsanu ac, yn y diwedd, yn ildio. Yr ydym yn ôl drachefn ym myd trasiedïau mawr Corneille. Yr eironi y tro hwn yw mai'r arwr – ac arwr ydyw, fel Satan yn *Paradise Lost*, Milton – yr unig un sy'n ddigon dewr i fentro popeth dros ei argyhoeddiadau, ni waeth pa mor gyfeiliornus ydynt, yw Hitler ei hun. Yn llinell olaf un y ddrama, dywed Beck wrth Hitler, gan ddyfynnu geiriau Iesu Grist wrth y rhai a'i daliodd yng Ngardd

but the author has twisted the story, making Branwen and Efnisien incestuous lovers. This is why Efnisien throws Gwern – Matholwch's son, as far as he knows – into the fire. Later, Branwen tells him that Gwern was his son. She then kills him and subsequently kills herself.

In 1973 *Dwy Briodas Ann* was televised, a play about the marriage in 1829 of one of the founders of Welsh Calvinistic Methodism, John Elias of Anglesey, to the widow of Sir John Bulkeley, squire of Presaddfed. The marriage is portrayed as a link between the old Welsh landowning classes and the new aristocracy of Methodist preachers of which, of course, Saunders Lewis himself was a descendant.

A year later, in March 1974, a sister-play to *Yn y Trên* was broadcast on radio. It was entitled *Cell y Grog*, and is a conversation between a prisoner who is awaiting execution but who wishes to live and the officer guarding him, who is deranged and wishes to die. The prisoner's crime was that he had killed his worthless lover, on whom he had wasted the best years of his life, and some see this as a symbol of Saunders Lewis's relationship with Wales. The officer, however, thinks the prisoner's life is far more interesting than his own humdrum existence, and he insists that they change clothes. The prisoner escapes in the officer's uniform and the officer faces the relief of the gallows. To his horror, however, the sentence is commuted at the last moment to life imprisonment.

Saunders Lewis's final play was *1938*, televised in 1978, and a sister-play to *Brad*. It deals with events in Germany in the years leading up to the Munich Agreement of 1938. Hitler is preparing to attack Czechoslovakia, which is allied to France and Britain. General Beck, who knows that Germany is militarily unprepared, is unready to lead the country into a war that it is certain to lose, and he and some other highly placed officers in the army conspire to remove Hitler. The plot, however, depends on a pledge that Britain

Gethsemane (Luc 22:53), 'Eich awr chwi yw hon, a'r tywyllwch biau'r awdurdod'. Fel y sylwodd Bruce Griffiths yn Y *Traethodydd*, cyf. clviii (2003):

> [Yr] argraff a roes 1938 imi ... oedd o anobaith llwyr, o flaen anallu dynion (cymharol) dda i wneud dim, yn wyneb hyder y drygionus. Ac yn y llinell olaf iasol, yr olaf a ysgrifennodd S.L. ar gyfer ei gynulleidfa, y dyfyniad o eiriau Crist, onid ildio chwerw a welir, a chydnabod bod drygioni'n drech yn y byd hwn? ... Nid oes a wnelo arwriaeth ddim oll â rhinwedd, o reidrwydd, ac yma yr oedd angen wynebu'r gwirionedd annifyr: yr arwr, yn y ddrama hon, yw Hitler ... Dyna uchafbwynt y duedd a welir, o *Gymerwch Chi Sigarét?* ymlaen, i ddehongli cyflwr dynolryw'n Fanicheaidd: teyrnas y Diafol yw'r byd, a dyna sut y mae drygioni'n ffynnu.

Gyda doethineb trannoeth y condemniodd Saunders Lewis Hitler yn *Brad* a *1938*. Digon amwys a fuasai ei farn amdano ym mlynyddoedd yr Ail Ryfel Byd, a chyn hynny. Yn wir, fe'i cymeradwyodd droeon. Pan ddaeth Hitler yn Ganghellor yr Almaen ym 1933, clodforodd Saunders Lewis ef yn *Y Ddraig Goch* am 'lwyr ddileu nerth ariannol yr Iddewon ym myd economaidd yr Almaen', a chwynodd am 'yr arian Iddewig a dalwyd i swyddfeydd Fleet St ... [fel y] bu propaganda unfryd ac effeithiol drwy holl bapurau Llundain a Lloegr yn erbyn yr Almaen'. Yn ei anerchiad i Gynhadledd Flynyddol y Blaid Genedlaethol yng Nghaernarfon ar 29 Chwefror 1936, canmolodd Hitler am awgrymu, ym mis Mai 1935, y dylid diddymu awyrennau bomio o bob math. 'Paham?' gofynnodd, 'na chroesawyd awgrym Herr Hitler?' Gydol blynyddoedd y rhyfel, yn ei golofn wythnosol, 'Cwrs y Byd', yn *Y Faner*, ceisiodd ddehongli'n ddiduedd achosion a digwyddiadau'r rhyfel, a ystyriai ef yn barhad o Ryfel 1914–18, gan fynnu bod y Blaid Genedlaethol yn dilyn polisi o niwtraliaeth. Mynnai fod gan Gymru yr hawl i benderfynu ar ei

will guarantee Czechoslovakia's sovereignty. When Britain refuses to do anything of the kind, the conspirators falter and, finally, give up. We are once again in the world of Corneille's great tragedies. The irony this time is that the hero – and a hero he is, in the manner of Satan in Milton's *Paradise Lost* – the only one courageous enough to risk everything for his convictions, no matter how devious they are, is Hitler himself. In the very last line of the play, Beck tells Hitler, quoting the words of Jesus Christ to those who arrested him in the Garden of Gethsemane (Luke 22:53), 'This is your hour, and the power of darkness'. As Bruce Griffiths observed in Y *Traethodydd*, vol. clviii (2003):

> The impression that 1938 left on me ... was one of utter despair, at (comparatively) good men's inability to do anything in the face of confident evil. And in the chilling final line, the last that S.L. wrote for his audience, the quotation from the words of Christ, is there not a bitter surrender, an acknowledgement that evil is more powerful than good in this world? ... Heroism does not of necessity have anything to do with virtue, and here one has to face an unpleasant truth: the hero of this play is Hitler ... This is the climax of the tendency seen, from *Gymerwch Chi Sigarét?* onwards, to a Manichean interpretation of the human condition: the world is the Devil's kingdom, and that is how evil flourishes.

It was with the wisdom of hindsight that Saunders Lewis condemned Hitler in *Brad* and *1938*. During the Second World War years, and before, his opinion of him had been ambivalent. He applauded him several times. When Hitler became Chancellor of Germany in 1933, Saunders Lewis praised him in Y *Ddraig Goch* for 'completely destroying the financial power of the Jews in the German economy', and complained about 'the Jewish money that was paid to the offices of Fleet St ... so that there was unanimous and

hagwedd ei hun at y rhyfel, a heriai hawl Lloegr i orfodi Cymry i ymuno â'i lluoedd arfog. Fe'i dilynwyd yn hyn o beth gan ryw bedwar ar hugain o aelodau'r Blaid Genedlaethol a seiliodd eu gwrthwynebiad cydwybodol i wasanaeth milwrol ar dir gwleidyddol. Fe garcharwyd deuddeg ohonynt.

Nid oedd pob cenedlatholwr yn cefnogi'r polisi o niwtraliaeth. Dadleuai Ambrose Bebb, er enghraifft, fod yn rhaid gorchfygu Natsïaeth, doed a ddelo. Mewn erthygl yn *Y Ddraig Goch* ym 1934, yr oedd Saunders Lewis ei hun wedi ymosod ar Ffasgaeth, er cydnabod bod iddi 'rinweddau ac ardderchowgrwydd', am fod Ffasgaeth yn dal bod hawliau'r wladwriaeth yn ddiamod, lle daliai'r Blaid Genedlaethol fod 'cymdeithasau llai, megis y teulu, y fro, yr undeb llafur, y gwaith, y capel neu'r eglwys, bob un yn deilwng o barch ... ac y mae hawliau hefyd y tu allan i ffiniau'r genedl y dylai pob dyn a phob gwlad eu parchu'. Eto i gyd, hyd yn oed yn *Brad*, parodd i'r cymeriad dychmygol Albrecht amddiffyn Hitler: 'I mi fe fu Hitler yn dduw ... Roeddwn i'n blentyn drwy flynyddoedd y blocâd ... pan oedd ... mamau'r Almaen yn erthylu a marw o eisiau bwyd ... Ac yna – daeth Hitler ... Fe roes waith i bob gweithiwr drwy'r Reich. Fe roes fwyd ym mhob cegin wag. Fe roes sgidiau am draed plant bychain', a chyfiawnhaodd eiriau Albrecht yn ei ragair i'r ddrama. 'Mor llwyr ac mor hawdd,' meddai, 'yr anghofiwyd ein rhan ni yng nghreadigaeth Hitler.'

Cyfrannodd Saunders Lewis ei golofn wythnosol, 'Cwrs y Byd', i'r *Faner* am un mlynedd ar ddeg o 1939 hyd 1950. Disgrifiwyd ei erthyglau gan y golygydd, Gwilym R Jones, fel y 'pethau praffaf o'u bath a gyhoeddwyd yn yr ynysoedd hyn'. Cafwyd ganddo, meddai, 'feirniadaeth oer, wrthrychol ar wladweiniaeth y gwledydd, ar hoced gwleidyddion, ar ogwyddiadau economaidd a chymdeithasol mewn gwledydd tramor ac yng Nghymru. Rhagwelodd ddigwyddiadau cydwladol a chenedlaethol adfydus.' Ailgyhoeddwyd hanner cant

effective propaganda in all the newspapers of London and England against Germany'. In his address to the National Party's Annual Conference at Caernarfon on 29 February 1936, he praised Hitler for suggesting, in May 1935, the banning of all bombing planes. 'Why?' he asked, 'was Herr Hitler's suggestion not welcomed?' Throughout the war years, in his weekly column, 'Cwrs y Byd', in *Y Faner*, he attempted to interpret without bias the causes and events of the war, which he believed to be a continuation of the war of 1914–18, insisting that the National Party should follow a policy of neutrality. He asserted that Wales had the right to determine its own attitude to the war, and challenged the right of England to force Welsh people to join its armed forces. Some twenty-four members of the National Party followed him in this matter, with their conscientious objection to military service based on political grounds. Twelve of them were imprisoned.

Not every nationalist supported the policy of neutrality. Ambrose Bebb, for example, argued that Nazism must be defeated, come what may. In an article in *Y Ddraig Goch* in 1934, Saunders Lewis himself had attacked Fascism, even though he acknowledged that it had 'virtues and excellence', because Fascism held that the rights of the state were unconditional, whereas the National Party held that 'smaller societies, such as the family, the community, the trade union, the workplace, the chapel or church, were each worthy of respect ... and there are also claims beyond national borders that every man and every nation should uphold'. Nevertheless, even in *Brad*, he made the imaginary character Albrecht defend Hitler: 'To me Hitler was a god ... I was a child during the blockade years ... when Germany's mothers miscarried and died of hunger . . . And then – Hitler came ... He provided work for every worker throughout the Reich. He put food in every empty kitchen. He put shoes on the feet of small children', and he justified Albrecht's words in his preface

o'r ysgrifau newyddiadurol hyn yn y gyfrol *Cwrs y Byd: Detholiad o Ysgrifau Newyddiadurol Saunders Lewis, 1939–1950*, a olygwyd gan Robin Gwyn (1997). Ond, fel y nododd Gwilym R Jones, nid pynciau'r dydd yn unig a gafodd sylw'r colofnydd: 'Cawsom ganddo farn lachar am ein llenyddiaeth… Rhoes inni hefyd oleuni ar dueddiadau llenyddol mewn gwledydd eraill.' Ac nid i'r *Faner* yn unig y cyfrannai ychwaith. Cyhoeddwyd erthyglau pwysig o'r eiddo ar lenyddiaeth mewn cyfnodolion eraill megis *Y Llenor, Y Traethodydd, Efrydiau Catholig* a *Barn*. Casglwyd rhai ohonynt ynghyd yn *Ysgrifau Dydd Mercher* (1945), ac yn y ddwy gyfrol swmpus: *Meistri'r Canrifoedd* (golygwyd gan R Geraint Gruffudd, 1973) a *Meistri a'u Crefft* (golygwyd gan Gwynn ap Gwilym, 1981). Ym 1986, golygodd Marged Dafydd ddetholiad o'i ysgrifau pwysicaf ym meysydd iaith, addysg a chrefydd, *Ati, Wŷr Ifainc*. Amcangyfrifwyd bod cyfanswm ei erthyglau newyddiadurol yn 1.5 miliwn o eiriau. Ym 1943, cyhoeddwyd hefyd ei astudiaeth o storïau Owen Wynne Jones (Glasynys, 1828–70), *Straeon Glasynys*, a fwriadwyd yn wreiddiol yn drydedd gyfrol yn y gyfres 'Yr Artist yn Philistia'. Wedi ei farw, cyhoeddwyd detholiad o'r hir ohebu a fu rhyngddo a Kate Roberts, *Annwyl Kate, Annwyl Saunders* (golygwyd gan Dafydd Ifans, 1992) ac o'i lythyrau at ei wraig, *Letters to Margaret Gilcriest* (golygwyd gan Mair Saunders Jones, Ned Thomas a Harri Pritchard Jones, 1993).

Ym 1941, cyhoeddodd ei unig gyfrol o farddoniaeth, *Byd a Betws*. Yn ei ragair iddi, dywed fod y cerddi ynddi yn perthyn i'r traddodiad 'mawl a dychan': 'Dodaf hwynt ynghyd yn awr, oblegid eu bod yn gais i ddatgan, yng nghanol y rhyfel, argyhoeddiad ynghylch dwy gymdeithas a dau draddodiad – y ddau beth a ystyriaf bwysicaf yn argyfwng ein dydd.'

Y ddau draddodiad y cyfeirir atynt yw traddodiad Eglwys Rufain a thraddodiad y genedl Gymreig, a'r ddwy gymdeithas yw cymdeithas y byd a chymdeithas yr eglwys, ac y mae natur pob oes yn dibynnu ar

to the play. 'How completely and how easily,' he wrote, 'have we forgotten our part in creating Hitler.'

Saunders Lewis wrote his weekly column, 'Cwrs y Byd', in *Y Faner* for eleven years between 1939 and 1950. The editor, Gwilym R Jones, described these articles as the 'most perceptive things of their kind published in these islands ... a cold, objective criticism of the politics of nations, the deceit of politicians, the economic and social tendencies in foreign countries and in Wales. He foresaw tragic international and national events.' Fifty of these journalistic articles were republished in an anthology, *Cwrs y Byd: Detholiad o Ysgrifau Newyddiadurol Saunders Lewis, 1939–1950*, edited by Robin Gwyn (1997). But, as Gwilym R Jones observed, it was not only current affairs that the columnist addressed: 'He gave us a dazzling opinion of our literature ... He enlightened us too on literary tendencies in other countries.' And it was not only to *Y Faner* that he contributed. He published important articles on literature in other periodicals, such as *Y Llenor*, *Y Traethodydd*, *Efrydiau Catholig* and *Barn*. Some of them were republished in *Ysgrifau Dydd Mercher* (1945), and in two substantial volumes: *Meistri'r Canrifoedd* (edited by R Geraint Gruffudd, 1973) and *Meistri a'u Crefft* (edited by Gwynn ap Gwilym, 1981). In 1986, Marged Dafydd edited a selection of his most important articles in the fields of language, education and religion, *Ati, Wŷr Ifainc*. It has been estimated that his journalistic articles total some 1.5 million words. In 1943, he also published his study of the stories of Owen Wynne Jones (Glasynys, 1828–70), *Straeon Glasynys*, which was originally intended as the third volume in the series 'Yr Artist yn Philistia'. After his death, a selection of the lengthy correspondence between him and Kate Roberts was published, entitled *Annwyl Kate, Annwyl Saunders* (edited by Dafydd Ifans, 1992), and of his letters to his wife, *Letters to Margaret Gilcriest* (edited by Mair Saunders Jones, Ned Thomas and Harri Pritchard Jones, 1993).

y gwrthgyferbynnu a'r ymgyfathrachu rhwng y pwerau hyn. I'r byd y perthyn pob materoldeb, a phopeth aflan ac aflednais, gan gynnwys proletariaeth Seisnig y Gymru ddiwydiannol a oedd ohoni; i'r eglwys y perthyn popeth gwâr, gan gynnwys y traddodiad Cymraeg ei hun. Gwrthdystir yn erbyn annynoliaeth y cyfnod a'r amgylchiadau hynny a gyfyngodd gymaint ar urddas y Cymry nes chwalu eu hunan-barch a'u hysgaru oddi wrth eu gwreiddiau a'u treftadaeth. Weithiau, try'r brotest yn hunllef. Dro arall, tynnir yn fuddugoliaethus ar addewid y ffydd Gristnogol, y gellir ymddiried ac ymgysuro ynddi hyd oed yn nannedd totalitariaeth ddi-Dduw Ewrop y tridegau.

Ailgyhoeddwyd y cerddi yn *Byd a Betws* mewn casgliad cyflawn o farddoniaeth Saunders Lewis a olygwyd gan yr Athro R Geraint Gruffydd a'i argraffu'n gyfrol foethus gan Wasg Gregynog ym 1986. Dilynodd fersiwn ratach o Wasg Prifysgol Cymru ym 1992. Yn ei gyflwyniad i'r casgliad, sylwa'r golygydd ar ddwy agwedd ar yr 'ymwybod barddol' a greodd y cerddi – yn gyntaf amrywiaeth y mesurau a ddefnyddir ac, yn ail, 'y dynfa at iaith ddarluniadol neu ddelweddol'. Bywydir y cyfan, meddai, 'gan ddarllen awchus a diflino['r bardd] yn holl lenyddiaeth ei wlad ei hun a llenyddiaeth Ewrop o'r cyfnod clasurol hyd ein dyddiau ni'. Ar y naill law, adlewyrcha'r cerddi gyfoeth y traddodiad llenyddol Cymraeg. Eu prif themâu yw mawl, marwnad a dychan, a chyfeirir yn aml at y ffrydiau llai adnabyddus yn hanes ein llên. Y mae 'Englynion y Clywed', er enghraifft, yn barodi ar yr englynion gwirebol o'r un enw o'r ddeuddegfed ganrif, 'Llygad y Dydd yn Ebrill' yn adleisio canu natur Dafydd ap Gwilym, 'Dawns yr Afallen' yn nhraddodiad canu carolaidd yr ail ganrif ar bymtheg a'r ddeunawfed ganrif, a rhai o'r cerddi mawl yn adleisio, yn nieithrwch eu geirfa a'u cystrawen, awdlau moliant y Gogynfeirdd. Ar y llaw arall, dangosir hoffter Saunders Lewis o farddoniaeth glasurol ac Ewropeaidd nid yn unig yn y mynych gyfeiriadau ati yn ei waith gwreiddiol ei hun ond

In 1941, he published his only volume of poetry, *Byd a Betws*. In his preface, he writes that the poems belong to the tradition of 'eulogy and satire': 'I put them together now because they are an attempt to express, in the middle of the war, a conviction concerning two societies and two traditions – the two things that I consider most important in the crisis of our day.'

The two traditions referred to are those of the Roman Catholic Church and of the Welsh nation, and the two societies are those of the world and of the church. The nature of every age depends on the correlation and contrast between these powers. To the world belongs all materialism, and everything sordid and base, including the Anglicized proletariat of the industrialized Wales of his time; to the church belongs everything civilized, including the Welsh-language tradition itself. The poems protest against the inhumanity of the age and against the conditions that have so restricted the dignity of the Welsh people as to shatter their self-respect and to separate them from their roots and their heritage. Sometimes, the protest turns into a nightmare. At other times, the poet draws heavily on the promises of the Christian faith in which he can trust and find solace even in the teeth of the godless totalitarianism of nineteen thirties Europe.

The poems in *Byd a Betws* were included in a complete collection of all Saunders Lewis's poetry which was edited by Professor R Geraint Gruffydd and published in a de luxe edition by the Gregynog Press in 1986. A cheaper version followed from the University of Wales Press in 1992. In his introduction to the collection, the editor draws attention to two aspects of the 'poetic consciousness' that created the poems – firstly, the variety of his metres, and secondly, the 'pull of pictorial or metaphorical language'. The whole is animated, he observes, 'by the poet's eager and tireless reading in all the literature of his own country and the literature of Europe from the classical

hefyd yn y ffaith mai cyfieithiadau yw ambell un o'r cerddi – 'Puraf a Thisbe', er enghraifft, a 'Bawcis a Philemon' yn gyfieithiadau o Ofydd. Emynau Lladin hynafol wedi'u cyfieithu i'r Gymraeg yw rhan fwyaf adran olaf y casgliad, a'r emynau hynny, wrth gwrs, yn adlewyrchu dysgeidiaeth a defodau Eglwys Rufain.

Defnyddia Saunders Lewis arddull Beirdd yr Uchelwyr i foli tri o'i gyfoeswyr: R O F Wynne, Garthewin, y bardd T Gwynn Jones ac Archesgob Pabyddol Caerdydd, Michael Joseph McGrath. Canmolir R O F Wynne am adfer yr hen bendefigaeth Babyddol Gymreig i blwyf Llanfair Talhaearn, a chyfeiria'r awdl foliant iddo, yn null y cywyddwyr, at winoedd Oporto a Bordeaux. Dengys ei mynegiant, fodd bynnag, beth ôl straen, ac y mae hynny'n fwy gwir fyth am yr awdl i Archesgob Caerdydd, lle y mae llinellau megis 'Duw mewn bara, ha-ha, ho!' yn bradychu diffyg chwaeth feirniadol. Gwelir yr un diffyg chwaeth yn rhai o'r cerddi dychan. Er enghraifft, mileinig, yn hytrach na chrafog, yw'r dychan 'I'r Dr J D Jones, CH (Bournemouth gynt)'.

Eilradd, yn sicr, yw rhai o'r cerddi yn y gyfrol, a theimlir nad yw Saunders Lewis yn gartrefol o gwbl yn y mesurau caeth. Y mae yn y mesurau rhydd, fodd bynnag, o leiaf ddeg o gerddi safadwy, sef 'Golygfa mewn Caffe', 'Y Dilyw 1939', 'Y Dewis', 'I'r Lleidr Da', 'Y Saer', 'Mair Fadlen', 'Difiau Dyrchafael', 'Gweddi'r Terfyn', 'Pregeth Olaf Dewi Sant' a 'Marwnad Syr John Edward Lloyd'. Bydd y rhain, a dyfynnu R Geraint Gruffydd, 'yn parhau'n rhan o etifeddiaeth lenyddol y Cymry yn ystod y cenedlaethau a'r canrifoedd sydd i ddod'.

Torrodd 'Golygfa mewn Caffe', gyda'i delweddaeth swrealaidd, dir newydd mewn barddoniaeth Gymraeg. Fe'i hysgrifennwyd ym 1940, ar ddechrau'r Ail Ryfel Byd, a darlunia gymdeithas nad yw'n ddim ond 'lludw rhodiannus'. Y mae gan wragedd ffasiynol Aberystwyth 'grafangau cochion', nid yn unig am eu bod wedi peintio'u hewinedd, ond am eu bod hefyd yn rhan o farbareiddiwch

age to our own'. On the one hand, the poems reflect the wealth of the Welsh bardic heritage. Their main themes are eulogy, elegy and satire, with frequent references to the lesser known streams in our tradition. 'Englynion y Clywed', for instance, parody the twelfth-century *englynion* which bear the same title, while 'Llygad y Dydd yn Ebrill' echoes the nature poetry of Dafydd ap Gwilym. 'Dawns yr Afallen' is in the tradition of the seventeenth- and eighteenth-century carols, and the unfamiliar vocabulary and syntax of some of the eulogies reflect the panegyrics of the Gogynfeirdd. On the other hand, Saunders Lewis's love of classical and European poetry is apparent not only in numerous references within his own original work, but also in the fact that some of the poems are translations – 'Puraf a Thisbe', for example, and 'Bawcis a Philemon' are translations of Ovid. Most of the collection's final section consists of Welsh translations of ancient Latin hymns which, of course, reflect the teachings and rites of the Roman Catholic Church.

In the tradition of Beirdd yr Uchelwyr ('the Poets of the Nobility'), and in their *cywydd* metre, Saunders Lewis eulogizes three of his contemporaries: R O F Wynne, Garthewin, the poet T Gwynn Jones and the Roman Catholic Archbishop of Cardiff, Michael Joseph McGrath. R O F Wynne is praised for restoring the old Welsh Catholic aristocracy to the parish of Llanfair Talhaearn, and the poem, in the manner of the *cywyddwyr*, mentions the wines of Oporto and Bordeaux. Its mode of expression, however, shows signs of strain, and this is even more true of the eulogy to the Archbishop of Cardiff, where lines such as 'Duw mewn bara, ha-ha, ho!' (God in bread, ha-ha, ho') betray a lack of critical taste. The same weakness is seen in some of the satires. For instance, the satire of 'Dr J D Jones, CH (formerly of Bournemouth)' is more savage than amusing.

Some of the poems in the book are undoubtedly second rate, and one feels that Saunders Lewis is not at all comfortable in the

cyffredinol eu hoes. Y mae'r bardd ei hun a'i gyfeillion fel petaent yn encilio i ryw gyflwr cyntefig, yn cuddio eu 'penglogau gweigion' y tu ôl i 'ffigysddail'. Y mae drwgdeimlad yn teyrnasu. 'Gwasanaeth claddu ar dost' yw'r pryd bwyd drwyddo draw, a hyd yn oed y finegr yn *kosher*, hynny yw, yn ddi-flas. Gwelir hen wraig y tu allan i'r caffe yn chwilio trwy'r biniau sbwriel am rywbeth i'w fwyta. Erbyn hyn, fodd bynnag, eirch yw'r biniau, ac eirch gweigion at hynny, am fod y llwch a fu unwaith ynddynt yn awr yn cerdded y stryd. Pan sylweddola hyn, y mae'r hen wraig yn ei chrogi'i hun ar bostyn lamp gerllaw, a deallwn ninnau ei bod yn cynrychioli Cymru – Cymru sydd, ar adeg o ryfel, yn fwy amddifad a llygredig hyd yn oed nag arfer. Ymddengys bod elfen o wrth-semitiaeth yn y cyfeiriad tua diwedd y gerdd at '[f]lonegesau Whitechapel, Ethiopiaid Golder's Green', sef, y mae'n debyg, yr ifaciwîs o Iddewon a gawsai eu symud i Gymru tros gyfnod y rhyfel. Gwelir yr un peth eto yn y cyfeiriad yn 'Y Dilyw 1939' at 'ffroenau Hebreig' y 'duwiau' ar Olympos Wall Street a achosodd y dirwasgiad a gafodd effaith mor ddifaol ar dde diwydiannol Cymru yn y tridegau. Anffodus iawn hefyd yw'r sôn yn yr un gerdd am y dosbarth gweithiol fel:

> [y] frau werinos, y demos dimai,
> Epil drel milieist a'r pool pêl-droed,
> Llanwodd ei bol â lluniau budrogion
> Ac â phwdr usion y radio a'r wasg.

Y mae, fodd bynnag, yn teilyngu ei lle ymhlith goreuon y bardd oherwydd ei gyfeiriadaeth gyfoethog at fytholeg yr hen fyd clasurol, ei chyffyrddiadau cynganeddol effeithiol, a'i llinell glo iasol, 'A thros y don daw sŵn tanciau'n crynhoi'.

Gwelir ymateb difrifol i'r rhyfel yn 'Y Dewis', lle y mae'r unben yn cynrychioli grym imperialaidd yr Almaen Natsïaidd, yn ogystal ag ymerodraeth Rufain y bu ei milwyr yn gwawdio Iesu ar ei Groes.

strict metres. There are in free metre, however, at least ten poems of enduring value. They are: 'Golygfa mewn Caffe', 'Y Dilyw 1939', 'Y Dewis', 'I'r Lleidr Da', 'Y Saer', 'Mair Fadlen', 'Difiau Dyrchafael', 'Gweddi'r Terfyn', 'Pregeth Olaf Dewi Sant' and 'Marwnad Syr John Edward Lloyd'. These, to quote R Geraint Gruffydd, 'will remain a part of the literary heritage of the Welsh people over the generations and centuries to come'.

'Golygfa mewn Caffe' ('A Scene in a Café'), with its surrealist imagery, broke new ground in Welsh poetry. Written in 1940, at the beginning of the Second World War, it portrays a society which is merely 'walking ashes'. The fashionable ladies of Aberystwyth have 'red claws', not only because of their painted fingernails but also because they are part of the prevalent barbarity of their age. The poet himself, and his colleagues, appear to retreat into some primeval state, hiding their 'empty skulls' behind 'fig-leaves'. Bad feeling reigns. The meal throughout is a 'funeral service on toast', and even the vinegar is *kosher* (tasteless). An old woman is seen outside the café searching the bins for scraps to eat. The bins, however, are now coffins, and empty coffins at that, because the ashes that they once contained are walking the street. When she realizes this, the old woman hangs herself on a nearby lamp-post, and we perceive that she represents Wales – a Wales which is, at a time of war, even more deprived and depraved than usual. It seems that there is some anti-semitism in the reference towards the end of the poem to 'blonegesau Whitechapel, Ethiopiaid Golder's Green' ('the lardy women of Whitechapel, the Ethiopians of Golder's Green'), an allusion, probably, to the Jewish evacuees who had been sent to Wales for the duration of the war. A similar sentiment is seen again in the reference in 'Y Dilyw 1939' ('The Deluge 1939') to the 'Hebrew nostrils' of the 'gods' on the Wall Street Olympos who had caused the economic depression which had such a devastating

Y mae'r ymadrodd 'A daeth at fryn oedd ddisathr' yn ein hatgoffa o'r cymeriad a elwir Cristion yn dod at yr un bryn yng nghlasur John Bunyan, *Taith y Pererin*. Thema'r gerdd, yn amlwg, yw'r frwydr rhwng da a drwg. Dyna hefyd thema'r gerdd 'I'r Lleidr Da', sef un o'r ddau leidr a groeshoeliwyd gydag Iesu ac a achubwyd ganddo (Luc 23:39–43). Yn ôl traddodiad, ei enw oedd Dismas. Ef oedd y pechadur cyntaf i'w ddwyn i'r nefoedd ac, felly, y sant cyntaf (cedwir ei ŵyl ar 25 Mawrth). Dyna pam y gall y bardd ofyn iddo weddïo drosom. Cefndir beiblaidd sydd i'r gerdd 'Y Saer' hefyd, cerdd ddramatig lle y mae'r bardd o anghenraid yn tynnu ar ei ddychymyg, oherwydd ni chofnodir yn y Testament Newydd beth yn union oedd ymateb Joseff i feichiogrwydd gwyrthiol Mair. Datblygir y stori'n gynnil a thyner, ac y mae a wnelo â'r llamu ysbrydol o amheuaeth i ffydd sy'n un o themâu mwyaf cynhyrchiol Saunders Lewis. Y mae'r un synnwyr o ddrama yn y gerdd 'Mair Fadlen', a ddisgrifiwyd gan yr Athro Bobi Jones fel 'cerdd fwya'r ganrif'. Ei chefndir yw'r hanes yn yr Efengyl yn ôl Ioan am y cyfarfyddiad rhwng Mair Fadlen a'r Iesu atgyfodedig. Cyfeirir ynddi hefyd at chwedloniaeth gwlad Groeg ac at *Paradiso* Dante. Yr athrawiaeth am ddyrchafael Iesu at ei Dad (gweler Actau 1:9–11) yw cefndir 'Difiau Dyrchafael'. Cerdd sacramentaidd yw hon, lle y mae elfennau natur yn cynrychioli pethau y mae a wnelont ag addoli – blodau'r ddraenen yn wenwisg offeiriad, y gastanwydden yn ganhwyllbren, y fedwen yn lleian, y ddôl yn thuser a'r niwl arni'n arogldarth. Gwahoddir preswylwyr diflas y tai cyngor i ddod allan cyn i'r cwningod wasgaru i weld y ddaear yn dyrchafu afrlladen, 'a'r Tad yn cusanu'r Mab yn y gwlith gwyn'.

Bu cryn drafod ar nihiliaeth ymddangosiadol 'Gweddi'r Terfyn' pan ymddangosodd gyntaf yn *Y Traethodydd*, cyf. cxxviii (1973). Mewn ymateb i sylw'r Athro Dewi Z Phillips arni, sef mai adlewyrchu y mae 'gyflwr dryslyd Cristion yn byw mewn cyfnod lle mae'n fwyfwy anodd dweud "Duw" gydag ystyr', dywedodd

effect on industrial south Wales in the 1930s. Also unfortunate is the reference in the same poem to the working class as

> [the] petty peasantry, the halfpenny demos,
> The churlish progeny of greyhound bitches and football pools,
> It has filled its belly with pornographic pictures
> And the corrupt chaff of the radio and press.

However, the poem deserves its place among the poet's best because of its rich allusions to ancient mythology, its effective use of occasional *cynghanedd* and its chilling last line, 'A thros y don daw sŵn tanciau'n crynhoi' ('And from across the waves comes the sound of tanks gathering').

A serious reaction to the war is seen in 'Y Dewis' ('The Choice'), where the *unben* (dictator) represents the imperialist power of Nazi Germany, as well as that of ancient Rome, whose soldiers mocked Jesus on his Cross. The sentence 'A daeth at fryn oedd ddisathr' ('And he came to an unfrequented hill') reminds us of the character called Christian approaching the same hill in John Bunyan's classic, *The Pilgrim's Progress*. The theme of the poem is obviously the battle between good and evil. The same battle is at the heart of 'I'r Lleidr Da' ('To the Good Thief'), one of the two thieves crucified with Jesus who was saved by him (Luke 23:39–43). According to tradition, his name was Dismas. He was the first sinner brought to heaven and, therefore, the first saint (his feast is celebrated on 25 March). This is why the poet can ask him to pray for us. 'Y Saer' ('The Carpenter') too has a biblical background. This is a dramatic poem where the poet draws heavily on his imagination, for the New Testament does not record what precisely Joseph's reaction was to Mary's miraculous pregnancy. The story is developed subtly and tenderly, and touches upon the spiritual leap from doubt to faith that is one of Saunders Lewis's most productive concerns. The same sense of drama is to be

Saunders Lewis fod ei meddylwaith dan ddylanwad diwinyddion cyfriniol yr Almaen a'r Isalmaen yn y bedwaredd ganrif ar ddeg – y Meistr Eckhart ac eraill, a fynnai mai gweddi yw'r weithred o farw. Yn y gerdd 'Pregeth Olaf Dewi Sant', cyfeirir at farw ein nawddsant, gan orfoleddu yn symlrwydd ei neges olaf: 'Byddwch lawen, cedwch y ffydd, a gwnewch y pethau bychain a welsoch ac a glywsoch gennyf i.' Er gwaethaf mawredd Dewi, ei linach honedig frenhinol a'i enwogrwydd yn ei ddydd ymhlith saint Cymru ac Iwerddon, yr un yw'r ffordd a ddysgodd ef i 'weddïwyr glannau Teifi' trwy'r canrifoedd ag a ddysgwyd i'w ddilynwyr gan y ddwy 'forwynig' dyner, y santesau Teresa o Lisieux a Bernadette o Lourdes.

Syr John Edward Lloyd (1861–1947), pennaeth cyntaf Adran Hanes Coleg Prifysgol Gogledd Cymru, Bangor, oedd yr hanesydd cyntaf i osod astudio hanes cynnar Cymru ar sylfeini cadarn. Ystyrir ei lyfr, *A History of Wales from the Earliest Times to the Edwardian Conquest* (1911), yn glasur. Ysgrifennodd hefyd hanes gwrthryfel Owain Glyndŵr. Y mae 'Marwnad' Saunders Lewis iddo yn un o gerddi Cymraeg mwyaf nodedig yr ugeinfed ganrif. Ei fframwaith yw'r stori am Eneas, yn *Aeneid IV* Fyrsil, yn cael ei dywys gan y Sibil trwy wlad Dis a'r cysgodion i gwrdd â hen arwyr brwydr Caer Droea. Felly y tywyswyd y bardd yntau gan J E Lloyd trwy ganrifoedd hanes Cymru o gyfnod y cadfridog Rhufeinig Agricola, heibio i oes y seintiau hyd at gyfnodau Llywelyn Fawr a Llywelyn a Dafydd ap Gruffudd ac Owain Glyndŵr. 'Yn sicr,' meddai un beirniad am y gerdd hon, 'y mae [ei] darllen mor ddaeargrynfaol ag un o symffonïau Beethoven.'

Y mae deg cerdd o bwys yn gyfraniad teilwng gan unrhyw un bardd at gynhysgaeth farddonol unrhyw genedl. O ystyried ymhellach y cyfrifir dwy o gerddi Saunders Lewis, 'Mair Fadlen' a 'Marwnad Syr John Edward Lloyd' ymhlith y cerddi gorau a ysgrifennwyd erioed yn Gymraeg, ni fedrir peidio â chydnabod ei ragoriaeth fel bardd. Ar un ystyr, fodd bynnag, fe ellid dadlau nad yw'n barddoni fel y gwna

seen in 'Mair Fadlen' ('Mary Magdalene'), which was described by Professor Bobi Jones as 'the poem of the century'. Its background is the appearance to Mary Magdalene of the resurrected Jesus, but it also contains allusions to Greek mythology and to Dante's *Paradiso*. 'Difiau Dyrchafael' ('Ascension Thursday') has its background in the doctrine of Jesus's ascension to his Father (see Acts 1:9–11). This is a sacramental poem, where natural phenomena represent items associated with worship – the hawthorn is a priest's surplice, the chestnut tree a candlestick, the birch a nun, the meadow a censer and the mist upon it incense. The dreary council house inhabitants are invited to come out before the rabbits disperse to see the earth raising the host, 'a'r Tad yn cusanu'r Mab yn y gwlith gwyn' ('and the Father kissing the Son in the blessed dew').

There was much discussion of the apparent nihilism of 'Gweddi'r Terfyn' ('End Prayer') when it first appeared in *Y Traethodydd*, vol. cxxviii (1973). In response to an observation by Professor Dewi Z Phillips that it represents 'the confused condition of a Christian living in an age when it is increasingly difficult to say the word "God" meaningfully,' Saunders Lewis said that the poem's thinking reflected that of the fourteenth-century German and Dutch mystic theologians – Master Eckhart and others – who asserted that the act of dying was itself prayer. The poem 'Pregeth Olaf Dewi Sant' ('Saint David's Last Sermon') refers to the death of our patron saint, rejoicing in the simplicity of his last message, 'Be joyful, keep the faith, and do the little things that you have seen and heard from me.' Despite the greatness of Saint David, his alleged royal lineage and his fame in his own lifetime among the saints of Wales and Ireland, the way that he taught to 'those who have prayed on the banks of the Teifi' through the centuries is the same as that taught by the two tender 'virgins', saints Theresa of Lisieux and Bernadette of Lourdes.

Sir John Edward Lloyd (1861–1947), first head of the Welsh History

Cymro. Y mae'n wannach pan yw'n ysgrifennu mewn cynghanedd neu'n ceisio dynwared elfennau o'r traddodiad barddonol Cymraeg, ac yn gryfach pan yw'n canu yn y mesurau rhydd, fel y gwnâi bardd Saesneg, gan dynnu ei ysbrydoliaeth o lenyddiaeth Groeg a Lladin ac o'r Beibl. Y mae'r canu pwerus hwn yn llwyr gyfiawnhau disgrifiad R Geraint Gruffydd ohono fel 'un o'r athrylithoedd creadigol mwyaf a gafodd Cymru erioed'.

Ym 1964, cyhoeddwyd ei ail nofel, *Merch Gwern Hywel*, stori wedi ei seilio ar hanes carwriaeth ei hen daid, William Roberts, Amlwch, gwneuthurwr canhwyllau wrth ei grefft, ond a ordeiniwyd yn weinidog gyda'r Methodistiaid Calfinaidd ym 1817, a'i hen nain, Sarah Jones o Wern Hywel ym mhlwyf Ysbyty Ifan yn Sir Ddinbych. Ar adeg dyngedfennol yn hanes y Cyfundeb newydd, a oedd wedi ymwahanu oddi wrth Eglwys Loegr ym 1811, dihangodd y ddau i briodi, yn groes i ddymuniadau mam Sarah. Unodd y briodas ddau draddodiad diwylliannol – traddodiad y mân uchelwyr Anglicanaidd, a gynrychiolir gan fam a brawd Sarah, a thraddodiad y dosbarth newydd o siopwyr a marchnatwyr Methodistaidd, a gynrychiolir gan William Roberts. Y mae'r nofel yn adleisio thema *Dwy Briodas Ann* – yn wir, y mae John Elias a'i wraig yn gymeriadau pwysig ynddi. Wedi marw Thomas Charles, y mae ymryson am arweinyddiaeth y Cyfundeb rhwng John Elias, sy'n Uchel Galfinydd, a Thomas Jones o Ddinbych, sy'n awyddus i warchod perthynas Methodistiaeth â diwinyddiaeth Eglwys Loegr a, thrwy hynny, ag athrawiaethau'r Tadau Eglwysig. Daw William Roberts, gyda chymorth Sarah, yn gymrodeddwr yn y ddadl rhyngddynt. Thema'r nofel, felly, yw'r asio rhwng traddodiadau – uchelwrol a gwerinol ar y naill law, eglwysig ac anghydffurfiol ar y llaw arall. Fe all hefyd fod yn ymgais gan yr awdur i gymodi â'i linach Fethodistaidd ef ei hun.

Yn ystod ei oes, fe gyhoeddwyd tair cyfrol o astudiaeth o waith Saunders Lewis, dwy yn Gymraeg – *Saunders Lewis, ei feddwl a'i waith*

Department at the University College of North Wales, Bangor, was the first historian to put the study of early Welsh history on a sound foundation. His *A History of Wales from the Earliest Times to the Edwardian Conquest* (1911) is considered a classic. He also wrote the history of Owain Glyndŵr's rebellion. Saunders Lewis's 'Elegy' to him is one of the most notable Welsh poems of the twentieth century. It is framed within the story of Aeneas, in Virgil's *Aeneid IV*, being led by the Sybil through the land of Dis and the shadows to meet the ancient heroes of Troy. So was the poet led by J E Lloyd through the centuries of Welsh history from the time of the Roman general Agricola, through the age of the saints up to the age of Llywelyn the Great and Llywelyn and Dafydd ap Gruffudd and Owain Glyndŵr. 'Certainly,' wrote one critic of this poem, 'reading it is as much of an earthquake experience as one of Beethoven's symphonies.'

Ten important poems constitute a worthy contribution by any single poet to the literary heritage of any nation. Moreover, when we consider that two of Saunders Lewis's poems, 'Mair Fadlen' and 'Marwnad Syr John Edward Lloyd' are among the best poems ever written in Welsh, we cannot but recognize the greatness of his poetic gifts. In one sense, however, it may be argued that he does not write as a Welshman. He is weaker when he writes in *cynghanedd* or when he consciously tries to imitate the Welsh bardic tradition, stronger when he writes in free metre, as an English poet would, drawing his inspiration from Greek and Latin literature and from the Bible. That powerful writing entirely justifies R Geraint Gruffydd's description of him as 'one of the greatest creative geniuses that Wales ever had'.

In 1964, his second novel, *Merch Gwern Hywel*, was published – a story based on the wooing by his great grandfather, William Roberts of Amlwch, a candlemaker by trade, but ordained a Calvinistic Methodist minister in 1817, of his great grandmother, Sarah Jones of Gwern Hywel farm in the parish of Ysbyty Ifan in Denbighshire.

(golygwyd gan Pennar Davies, 1950) a *Saunders Lewis* (golygwyd gan D Tecwyn Lloyd a Gwilym Rees Hughes, 1975), ac un yn Saesneg – *Presenting Saunders Lewis* (golygwyd gan Alun R Jones a Gwyn Thomas, 1973). Ar sail ei holl lafur llenyddol diarbed fe'i henwebwyd deirgwaith gan yr Academi Gymreig – ym 1971, 1977 a 1981 – am y Wobr Nobel am Lenyddiaeth, ond aflwyddiannus fu'r tri chynnig. Wedi ei farw, dadleuodd Dafydd Elis Thomas y byddai wedi ennill y wobr pe bai Cymru'n wladwriaeth. Os gwir hynny, dyna'r eironi eithaf: i'r dinodedd y mynnodd cenedl y Cymry lynu wrtho rwystro anrhydeddu'r gŵr a gysegrodd ei oes i gyhoeddi ei phendefigaeth.

At a crucial time in the history of the new Connexion, which had seceded from the Church of England in 1811, the two eloped to be married, contrary to the wishes of Sarah's mother. The marriage united two cultural traditions – the Anglican petty aristocracy, which is represented by Sarah's mother and brother, and the new class of Methodist shopkeepers and merchants, which is represented by William Roberts. The novel echoes the theme of *Dwy Briodas Ann* – in fact, it features John Elias and his wife as important characters. Following the death of Thomas Charles, there is a contest for the Connexion's leadership between John Elias, who is a High Calvinist, and Thomas Jones of Denbigh, who is eager to preserve Methodism's ties with the theology of the Church of England, and thence with the doctrines of the Church Fathers. William Roberts, with the help of his wife Sarah, is a mediator in the debate between them. Thus, the theme of the novel is the merging of two traditions – on the one hand the aristocratic and the peasant, on the other the Anglican and the Nonconformist. It may also be an attempt by the author to reconcile himself with his own Methodist ancestry.

During his lifetime, three studies of Saunders Lewis's work were published, two in Welsh – *Saunders Lewis, ei feddwl a'i waith* ('Saunders Lewis, his Thought and his Work', ed. Pennar Davies, 1950) and *Saunders Lewis* (ed. D Tecwyn Lloyd and Gwilym Rees Hughes, 1975), and one in English – *Presenting Saunders Lewis* (ed. Alun R Jones and Gwyn Thomas, 1973). On the basis of his ceaseless literary endeavours he was thrice nominated by the Welsh Academy – in 1971, 1977 and 1981 – for the Nobel Prize for Literature, but these attempts were unsuccessful. After his death, Dafydd Elis Thomas asserted that he would have been awarded the Nobel Prize if Wales had been a state. If true, it is the ultimate irony: that the obscurity which the Welsh nation insisted on espousing thwarted the acclamation of one who had spent a lifetime proclaiming its nobility.

PENNOD 4

Yn ôl at Wleidydda

Hoff wlad, os gelli hepgor dysg
Y dysgedicaf yn ein mysg,
Mae'n rhaid dy fod o bob rhyw wlad
Y fwyaf dedwydd ei hystâd.

FELLY YR ysgrifennodd R Williams Parry ym 1937 yn ei gerdd 'Y Gwrthodedig (J Saunders Lewis)'. Cyfeirio y mae, wrth gwrs, at y diswyddo y flwyddyn honno. Amddifadwyd Saunders Lewis o ddarlithyddiaeth ym Mhrifysgol Cymru am gyfnod o bymtheng mlynedd. Ym 1952, fodd bynnag, ar awgrym gan ei hen gyfaill, Griffith John Williams, ymgeisiodd am swydd yn Adran y Gymraeg Coleg y Brifysgol, Caerdydd, ac fe'i penodwyd. Yno y bu nes iddo ymddeol ym 1957. Ymgartrefodd ym Mryn-y-môr, 158 Ffordd Westbourne, Penarth, lle y treuliodd weddill ei oes.

Er ei ddiarddel gyhyd o'r brifysgol, ynddi hi y gwnaeth ei unig safiad gwleidyddol rhwng llosgi'r Ysgol Fomio ym 1936 a thraddodi ei ddarlith radio enwog, 'Tynged yr Iaith', ym 1962. Tan 1950, yr oedd Prifysgol Cymru, fel prifysgolion eraill Prydain, yn sedd seneddol. Ym mis Hydref 1942, ymddiswyddodd ei Haelod Seneddol Rhyddfrydol, Ernest Evans, yn dilyn ei benodi'n farnwr llys sirol, a threfnwyd is-etholiad i'w gynnal rhwng 25 a 29 Ionawr 1943. Cytunodd Saunders Lewis i fod yn ymgeisydd ar ran Plaid Cymru. Wedi hir lusgo traed, cyhoeddodd y Blaid Ryddfrydol mai ei hymgeisydd hi fyddai W J Gruffydd, cyn-Athro Cymraeg Coleg Prifysgol Cymru, Caerdydd,

CHAPTER 4

Back to Politics

Dear country, if you can discard the learning
Of the most learned among us,
You must be, of all countries,
The happiest its estate.

SO WROTE R Williams Parry in 1937 in his poem 'Y Gwrthodedig ('The Rejected' – J Saunders Lewis), referring, of course, to his dismissal from his post that year. Saunders Lewis was deprived of a lectureship in the University of Wales for a period of fifteen years. In 1952, however, at the suggestion of his old friend Griffith John Williams, he applied for a post in the Welsh Department at the University of Wales College, Cardiff, and was appointed. He remained there until his retirement in 1957, and made his home at Bryn-y-môr, 158 Westbourne Road, Penarth, where he spent the rest of his life.

Despite his long banishment, it was in the university that he made his one and only political stand between the burning of the Bombing School in 1936 and the delivering of his famous radio lecture, 'Tynged yr Iaith' ('The Fate of the Language') in 1962. Until 1950, the University of Wales, like all other universities in Britain, was a parliamentary electorate. In October 1942, its Liberal Member of Parliament, Ernest Evans, resigned, following his appointment as a county court judge, and a by-election was arranged to be held between 25 and 29 January 1943. Saunders Lewis agreed to stand

golygydd dylanwadol y cylchgrawn llenyddol, *Y Llenor*, y bu a wnelo Saunders Lewis ac yntau â'i sefydlu ym 1922, ac un a fuasai'n Is-lywydd y Blaid Genedlaethol yng nghanol helynt Penyberth ond a ymddiswyddodd am ei fod yn anghytuno â pholisi niwtraliaeth y Blaid yn ystod yr Ail Ryfel Byd.

Trwy ddewis W J Gruffydd yn ymgeisydd – a hynny ar y ddealltwriaeth na fyddai, ped etholid ef, yn derbyn ei chwip – llwyddodd y Blaid Ryddfrydol yn ei bwriad i hollti pleidlais y deallusion Cymraeg. Er bod ymhlith cefnogwyr Saunders Lewis nifer o'r ysgolheigion amlycaf (er enghraifft, J Gwyn Griffiths, A O H Jarman, Thomas Parry, Griffith John Williams a J E Caerwyn Williams) a rhai o'r beirdd mwyaf adnabyddus (Kitchener Davies, Cynan, Gwenallt, T Gwynn Jones, Prosser Rhys ac R Williams Parry), yng ngwersyll W J Gruffydd yr oedd yr ysgolheigion E G Bowen, D Llewelfryn Davies, H J Fleure, R T Jenkins, Syr John Edward Lloyd ac Ifor Williams a'r beirdd Elfed ac Iorwerth Peate.

Yn ei Lythyr at Etholwyr y Brifysgol (y mae ynddo, gyda llaw, gŵyn sydd yr un mor amserol i ni ar ddechrau ail ddegawd yr unfed ganrif ar hugain am 'bobl gyffredin Lloegr a Sgotland, ac yn arbennig ... bobl Cymru' yn gorfod ysgwyddo'r baich o dalu am 'ryfyg gorffwyll arianwyr dinas Llundain') dywedodd Saunders Lewis:

> Amcan aelodau o'r Blaid Genedlaethol Gymreig yn Nhŷ'r Cyffredin fydd: (1) honni a maentumio hawl Cymru i fod yn Ddominiwn yn ei llywodraethu ei hun; (2) amddiffyn â'u holl egni sefydliadau cenedlaethol Cymru a holl fuddiannau Cymru mewn diwylliant, diwydiant, amaethyddiaeth a materion arian; (3) gwrthnebu pob mesur a dueddai'n ormodol at ganoli galluoedd llywodraeth neu at roddi gormod gallu yn nwylo swyddogion llywodraeth; (4) amddiffyn hawliau cyfiawn lleiafrifoedd eraill yn yr Ymerodraeth Brydeinig; (5) amlygu'r fath ddiddordeb a gwybodaeth mewn pynciau cydwladol, a'r fath gydymdeimlad Ewropeaidd . . . mewn problemau cysylltiedig â

as candidate on behalf of Plaid Cymru. After much beating about the bush, the Liberal Party announced that its candidate was to be W J Gruffydd, former Professor of Welsh at the University of Wales College, Cardiff, influential editor of the literary periodical, *Y Llenor*, that he and Saunders Lewis had founded in 1922, and one who had been the National Party's Vice-president during the Penyberth affair but who had later resigned because he disagreed with the party's policy of neutrality in the Second World War.

By choosing W J Gruffydd as candidate – on the understanding that he would, if elected, not accept its whip – the Liberal Party succeeded in its intention to split the Welsh intellectual vote. Although Saunders Lewis's supporters included some of the most outstanding scholars (for example, J Gwyn Griffiths, A O H Jarman, Thomas Parry, Griffith John Williams and J E Caerwyn Williams) and some of the best-known poets (Kitchener Davies, Cynan, Gwenallt, T Gwynn Jones, Prosser Rhys and R Williams Parry), other scholars, such as E G Bowen, D Llewelfryn Davies, H J Fleure, R T Jenkins, Sir John Edward Lloyd and Ifor Williams, and poets Elfed and Iorwerth Peate, were in Gruffydd's camp.

In his Letter to the University's Electors (which, incidentally, includes a complaint that is equally timely for us at the start of the twenty-first century's second decade, about 'the ordinary people of England and Scotland, and in particular ... the people of Wales' being made to pay for the 'insane recklessness of the city of London's financiers'), Saunders Lewis said:

> The objective of Welsh National Party members in the House of Commons will be (1) to allege and to maintain the right of Wales to be a self-governing Dominion; (2) to protect with all their energy the national institutions of Wales and all the interests of Wales, culturally, industrially, agriculturally and financially; (3) to oppose every measure that tends to over-centralize the

heddwch a chydweithrediad cenhedloedd, fel pan ddelo'r adeg
ddedwydd honno i goroni ein holl ymdrechion, y derbynnir
Cymru yn llawen ac yn unfryd i Gynghrair y Cenhedloedd yn
Genefa; (6) mewn materion cartref, gweithiem ar unwaith i ail-
sefydlu trefn yn niwydiannau Cymru ac i ennill cyd-weithrediad
pob dyn o ewyllys da yn y cais i gychwyn mudiadau lleol ac i
ennyn ysbryd cyfrifoldeb am les ei gilydd ym mhob aelod a
dosbarth o gymdeithas.

Ymddengys y rhaglen yn un ddiniwed ddigon. Nid oes sôn, er
enghraifft, am sefydlu prifysgol annibynnol Gymraeg i gymryd
lle pendefigaeth goll Cymru – peth yr ymhelaethwyd arno ddwy
flynedd yn ddiweddarach mewn erthygl ar y testun 'Diwylliant
yng Nghymru' (*Ysgrifau Dydd Mercher*, tt. 100-106). Yn ôl J E
Jones, tueddai Saunders Lewis i gymedroli llawer ar ei syniad o
'uchelwriaeth' yn ei ddatganiadau cyhoeddus. Yr oedd, serch hynny,
yn syniad cwbl hysbys a diau ei fod yntau wedi lled-obeithio y byddai
etholwyr soffistigedig y Brifysgol yn debycach o gydymdeimlo â'i
safbwyntiau elitaidd nag a fyddai etholwyr cyffredin. Os felly, fe'i
siomwyd. O'r 11,079 a gofrestrwyd yn etholwyr, pleidleisiodd 5,918,
sef 53.4 y cant, a'r canlyniad oedd:

William John Gruffydd	Rhyddfrydwr	3,098	(52.3%)
Saunders Lewis	Plaid Cymru	1,330	(22.5%)
Alun Talfan Davies	Annibynnol	755	(12.8%)
Evan Davies	Llafur Ann.	634	(10.7%)
Neville Evans	Llafur Ann.	101	(1.7%)
Mwyafrif		1,768	(29.8%)

Profwyd bod gan y Gymru glaear, anghydffurfiol a rhyddfrydol,
a gynrychiolid gan Gruffydd eto gryn ddylanwad. Mewn gwlad
a fawrygai ei gwreiddiau egalitaraidd a 'gwerinol', a oedd wedi
symud mewn degawd o ddirwasgiad economaidd i Ryfel Byd ac yr

powers of government or to put too much power in the hands of government officials; (4) to protect the just rights of other minorities in the British Empire; (5) to show such an interest in, and knowledge of, international affairs and such an European sympathy ... with regard to problems concerning peace and co-operation between nations, that when the happy time comes to crown all our efforts, Wales will be joyfully and unanimously received into the League of Nations in Geneva; (6) in home affairs, we would start work immediately to restore order in the industries of Wales and to secure the co-operation of all men of good will in the attempt to set up local organisations and to inspire a sprit of responsibility for their mutual benefit among all members and classes of society.

The programme appears innocuous enough. There is no mention, for instance, of founding an independent Welsh-language university to replace the lost Welsh aristocracy – a scheme elaborated upon two years later in an article entitled 'Diwylliant yng Nghymru' ('Culture in Wales', *Ysgrifau Dydd Mercher*, pp. 100–106). According to J E Jones, Saunders Lewis tended to tone down his ideas about the 'nobility' in his public statements. These ideas were, however, well known, and he had, doubtless, half hoped that the sophisticated electors of the University would be more likely to sympathize with his elitist views than ordinary electors. If so, he was to be disappointed. Of the 11,079 that were registered to vote, 5,918 voted, 53.4 per cent of the electorate, and the result was:

William John Gruffydd	Liberal	3,098	(52.3%)
Saunders Lewis	Plaid Cymru	1,330	(22.5%)
Alun Talfan Davies	Independent	755	(12.8%)
Evan Davies	Ind. Labour	634	(10.7%)
Neville Evans	Ind. Labour	101	(1.7%)
Majority		1,768	(29.8%)

oedd mwyafrif ei phoblogaeth bellach wedi ethol Aelodau Seneddol Sosialaidd, nid oedd hyd yn oed raddedigion y brifysgol yn barod i ymddiried mewn un y gwnaeth Gruffydd lawer o'r cyfeiriad yn ei gerdd, 'Y Dilyw', at 'y demos dimai'. Yn gam neu'n gymwys, ystyrid y math o elitiaeth a goleddid gan Saunders Lewis yn snobyddiaeth nad oedd ar ei gorau, fel yn achos y coeg ymhonni am winoedd, yn ddim ond doniol, ond a oedd ar ei gwaethaf yn gwbl annerbyniol. J E Jones eto a ddywedodd y gallai Saunders Lewis fod yn 'ffiaidd o gas' at rai pobl ym mhwyllgorau'r Blaid Genedlaethol. Ystyriai, er enghraifft, mai 'un o'r werin' oedd y Parchedig J P Davies, Porthmadog, un o'i gefnogwyr mwyaf pybyr, a hynny nid yn unig am fod J P Davies yn heddychwr ac yn llwyrymwrthodwr ond hefyd am fod ganddo wefus uchaf hir. Nod amgen llinach uchelwrol, yn ôl Saunders Lewis, oedd bod â gwefus isaf a oedd yn hwy na'r un uchaf. Prin fod lol o'r fath yn ei anwylo i rai deallusion, ac nid rhyfedd i gefnogwyr Gruffydd, mewn llythyr i'r *Caernarvon and Denbigh Herald*, 29 Ionawr 1943, ei gyhuddo o fod â 'chysyniadau canoloesol o bendefigaeth honedig ac awdurdodyddiaeth obsgwrantaidd'. Ni fu ei agwedd ymddangosiadol amwys at y rhyfel o ddim cymorth iddo ychwaith.

Rhoddodd ei fethiant yn is-etholiad y brifysgol derfyn ar uchelgais wleidyddol Saunders Lewis. Gyda threigl y blynyddoedd ac o dan arweiniad gwleidyddion mwy pragmataidd, symudodd y blaid a sefydlodd yn gyson i'r chwith. Pellhaodd yntau oddi wrthi, ac am flynyddoedd bu'n ddraenen chwerw yn ei hystlys. Yr oedd yn anfodlon â'i phenderfyniad i lynu at ddulliau cyfansoddiadol, yn enwedig mewn perthynas â'r ymgyrch yn erbyn boddi Cwm Tryweryn. 'Ysywaeth,' meddai, mewn llythyr at Kate Roberts ym mis Mai 1963, ddeufis wedi carcharu Emyr Llewelyn am ddifrodi safle'r argae, 'ymgeisio mewn etholiadau seneddol yw unig neu agos unig bolisi Plaid Cymru, a rhaglen sosialaidd o fyrddau cenedlaethol yw ei rhaglen hi. Gyda'r bechgyn sy'n torri'r gyfraith ac yn wynebu ar

It was apparent that the lukewarm, nonconformist, liberal Wales that Gruffydd represented was still influential. In a country that glorified in its egalitarian, peasant roots, that had experienced within a decade an economic depression and a World War and the majority of whose population had now elected Socialist Members of Parliament, not even its university graduates were ready to put their trust in one whose jibe in his poem, 'Y Dilyw', at the 'halfpenny demos' Gruffydd had constantly highlighted. Rightly or wrongly, the type of elitism espoused by Saunders Lewis was considered to be a snobbery that was, at best, as in the grandiose pretensions concerning wines, amusing, but, at its worst, entirely unacceptable. It was J E Jones again who said that Saunders Lewis could be 'detestably offensive' to some people at National Party committee meetings. For example, he believed that the Reverend J P Davies, Porthmadog, one of his staunchest supporters, was 'one of the peasantry', not only because J P Davies was a pacifist and a total abstainer but also because he had a long upper lip. According to Saunders Lewis, the distinguishing mark of an aristocratic lineage was a lower lip that was longer than the upper. Such nonsense was unlikely to endear him to some intellectuals, and it is not surprising that Gruffydd's supporters, in a letter to the *Caernarvon and Denbigh Herald*, 29 January 1943, accused him of having 'medieval conceptions of so-called nobility and obscurantist authoritarianism'. He was not helped either by his apparently ambivalent attitude to the war.

His failure in the university by-election put an end to Saunders Lewis's political ambitions. As the years passed by, and under the leadership of more pragmatic politicians, the party that he had founded moved inexorably to the Left. He distanced himself from it, and was for many years a bitter thorn in its side. He did not agree with its decision to stick to constitutional means, especially in relation to the campaign against the drowning of the Tryweryn

garchar y mae fy holl gydymdeimlad i, ac ynddynt hwy a'u dilynwyr yn unig y mae gobaith.' Yr oedd yn feirniadol hefyd o ogwydd sosialaidd y Blaid. Ni fu ef erioed yn wleidydd bara a menyn. Sylfaen ysbrydol oedd i'w genedlaetholdeb – yr argyhoeddiad mai enaid cenedl y Cymry oedd yr iaith Gymraeg a chyfoeth ei thraddodiad llenyddol, a'i bod yn ddyletswydd arni i'w gwarchod a'u hyrwyddo. Dirywio'n gyflym, fodd bynnag, yr oedd yr iaith – 43.5 y cant o'r boblogaeth yn ei siarad yn ôl cyfrifiad 1911, 36.8 y cant ym 1931 a dim ond 26 y cant ym 1961. Yr oedd enaid y genedl mewn perygl o ddiflannu.

Nid oedd canlyniadau cyfrifiad 1961 wedi eu cyhoeddi pan draddododd Saunders Lewis, ar 13 Chwefror 1962, ar wahoddiad y BBC, ei ddarlith bwysig ar 'Dynged yr Iaith'. Rhagdybio yr oedd, a hynny'n gywir ddigon fel y gwelwyd wedi hynny, 'y bydd y ffigurau a gyhoeddir cyn hir yn sioc ac yn siom i'r rheini ohonom sy'n ystyried nad Cymru fydd Cymru heb y Gymraeg'. Rhagwelai hefyd, pe parhâi'r tueddiadau presennol, y byddai'r Gymraeg farw tua dechrau'r unfed ganrif ar hugain. 'Dyna felly lwyddo o'r diwedd y polisi a osodwyd yn nod i Lywodraeth Loegr yng Nghymru yn y mesur a elwir yn Ddeddf Uno Cymru a Lloegr yn y flwyddyn 1536.'

Arolwg o hanes yr iaith oddi ar 1536 yw rhan gyntaf y ddarlith. Deuir i'r casgliad ei bod yn:

> iawn inni gydnabod dwy ffaith. Yn gyntaf, na fu wedi marw Elisabeth hyd at drothwy'r ugeinfed ganrif na chais na bwriad gan neb o bwys yng Nghymru i ddatod dim ar y cwlwm a unodd Gymru wrth Loegr na gwrthwynebiad o unrhyw gyfri i'r egwyddor o deyrnas gyfunol a diwahân. Ar ôl 1536 fe beidiodd y syniad o Gymru'n genedl, yn undod hanesyddol, â bod yn atgof na delfryd na ffaith. Yn ail, o ganlyniad ni bu chwaith unrhyw gais politicaidd hyd at yr ugeinfed ganrif i adfer statws yr iaith Gymraeg na chael ei chydnabod mewn unrhyw fodd yn iaith swyddogol na gweinyddol. Bodlonwyd drwy Gymru gyfan i'w darostyngiad llwyr.

Valley. 'Regrettably,' he wrote in a letter to Kate Roberts in May 1963, two months after Emyr Llewelyn had been imprisoned for damaging the site, 'Plaid Cymru's only, or almost only policy, is to stand in parliamentary elections, and its programme is a socialist programme of national boards. My whole sympathy lies with the boys who are breaking the law and facing jail, and there is hope only in them and their followers.' He was also critical of the party's socialist tendency. He himself had never been a bread and butter politician. His nationalism was based on spiritual values – the conviction that the soul of the Welsh nation was the Welsh language and the wealth of its literary tradition, and that it was the nation's duty to guard and promote these things. The language, however, was in rapid decline – 43.5 per cent of the population spoke it according to the 1911 census, 36.8 per cent in 1931 and only 26 per cent in 1961. The soul of the nation was in danger of disappearing.

The results of the 1961 census had not yet been published when Saunders Lewis, on 13 February 1962, at the invitation of the BBC, delivered his important lecture on 'The Fate of the Language'. He was assuming, quite correctly as it turned out later, that 'the figures which will shortly be published will shock and disappoint those of us who consider that Wales without the Welsh language will not be Wales'. He foresaw also, if present trends continued, that the Welsh language would die around the start of the twenty-first century. 'Thus the policy laid down as the aim of the English Government in Wales in the measure called the Act of Union of England and Wales in 1536 will at last have succeeded.'

The first part of the lecture is a review of the history of the language since 1536. It concludes:

> It is proper that we should acknowledge two facts. First, that from the death of Elizabeth until the threshold of the twentieth century there was neither an attempt nor an intention by anyone

Rhwng y ddwy ffaith hyn y mae cysylltiad clòs. Os un
deyrnas gwbl unedig yw Lloegr a Chymru – *homogenous* yw gair
Matthew Arnold – yna mae bod iaith Gymraeg hanesyddol yn
dramgwydd politicaidd, yn atgo am gyflwr gwahanol, yn berig'
i'r undod.

Wedi sôn am y modd y derbyniodd arweinwyr Anghydffurfiaeth
Gymraeg gasgliadau Brad y Llyfrau Gleision yn y bedwaredd ganrif
ar bymtheg yn ddigwestiwn, a mynd ati'n ymwybodol 'i sefydlu
cyfundrefn addysg Saesneg drwyadl ym mhob rhan o Gymru o'r
ysgol elfennol hyd at golegau normal a thri choleg prifathrofaol, a
Siarter Prifysgol i goroni'r cwbl', nodir mai dim ond gan leiafrif bach a
ystyrid yn bobl gul ac ecsentrig – Ieuan Brydydd Hir, a wrthwynebodd
Seisnigrwydd yr Eglwys Wladol yn y ddeunawfed ganrif, Michael D
Jones, sefydlydd y Wladfa ym Mhatagonia, lle y byddai'r 'heniaith yn
gyfrwng addoli a masnachu, dysgu a llywodraethu' ac Emrys ap Iwan
– y cafwyd unrhyw amddiffyn gwleidyddol i'r Gymraeg. 'Traddodiad
o ddioddef dirmyg ac erlid yw traddodiad amddiffyn politicaidd i'r
iaith Gymraeg.'

Eir ymlaen i ddadlau nad y llywodraeth yn Llundain yw gelyn
pennaf y Gymraeg, er nad oes obaith i honno 'fyth fythoedd
fabwysiadu safbwynt Cymreig', ond yn hytrach awdurdodau lleol
Cymru ei hun nad 'oes ganddynt ond un ateb i broblem nychdod
y broydd gwledig, sef pwyso ar y Llywodraeth am ddwyn iddynt
hwythau ffatrïoedd a diwydiannau o Loegr, a gwahodd corfforaethau
dinasoedd megis Birmingham i sefydlu maestrefi ym Môn neu
Feirion neu Sir Drefaldwyn'. Manylir ar frwydr teulu'r Beasleys
o Langennech am bapur hawlio'r dreth yn Gymraeg gan Gyngor
Dosbarth Llanelli, gan ddyfynnu ateb y Cyngor nad oedd ef dan
unrhyw 'rwymedigaeth ... i argraffu'r papurau ... mewn unrhyw iaith
ond Saesneg'. Ac yna fe ddaw'r alwad i weithredu:

of importance in Wales to undo in any way the bond that united Wales to England, nor opposition of any account to the principle of a united indivisible kingdom. After 1536 the concept of Wales as a nation, as an historical entity, ceased to be a memory, an ideal or a fact. Secondly, as a result neither was there any political attempt until the twentieth century to restore the status of the Welsh language – or to win for it recognition in any way as an official or an administrative language. All Wales was satisfied with its complete suppression.

These two facts are closely connected. If England and Wales are one totally united kingdom – homogeneous is Matthew Arnold's word – then the existence of an historical Welsh language is a political stumbling block, a reminder of a different state of affairs, a danger to the union.

After mentioning the way in which the leaders of Welsh Nonconformity accepted without question the conclusions of the Blue Books' Betrayal in the nineteenth century, and consciously set about 'the establishment of a thoroughly English educational system in every part of Wales, ranging from primary schools to normal colleges and three university colleges with a University Charter crowning it all', it is noted that only from a small minority of people who were considered narrow-minded and eccentric – Ieuan Brydydd Hir, who opposed the Englishness of the State Church in the eighteenth century, Michael D Jones, the founder of the Welsh settlement in Patagonia, 'with the old language as the medium of worship and commerce, of teaching and government' and Emrys ap Iwan – was the Welsh language afforded any political protection. 'The tradition of defending the Welsh language politically is a tradition of suffering, obloquy and persecution.'

The argument proceeds that the Welsh language's main enemy is not the London government, although there is no hope of the London government 'ever adopting a Welsh standpoint', but rather Wales's

Eler ati o ddifri a heb anwadalu i'w gwneud hi'n amhosibl dwyn
ymlaen fusnes llywodraeth leol na busnes llywodraeth ganol
heb y Gymraeg. Hawlier fod papur y dreth yn Gymraeg neu yn
Gymraeg a Saesneg. Rhoi rhybudd i'r Postfeistr Cyffredinol na
thelir trwyddedau blynyddol oddieithr eu cael yn Gymraeg.
Mynnu fod pob gwŷs i lys yn Gymraeg. Nid polisi i unigolion, un
yma, un acw ar siawns mo hyn. Byddai gofyn ei drefnu a symud
o gam i gam gan roi rhybudd a rhoi amser i gyfnewidiadau.
Polisi i fudiad yw ef a'r mudiad hwnnw yn yr ardaloedd y
mae'r Gymraeg yn iaith lafar feunyddiol ynddynt. Hawlio fod
pob papur etholiad a phob ffurflen swyddogol yn ymwneud ag
etholiadau lleol neu seneddol yn Gymraeg. Codi'r Gymraeg yn
brif fater gweinyddol y dosbarth a'r sir.

Hwn, meddir, yw'r unig fater o bwys i Gymry ymboeni ag ef:

Nid dim llai na chwyldroad yw adfer yr iaith Gymraeg yng
Nghymru. Trwy ddulliau chwyldro yn unig y mae llwyddo.
Efallai y dygai'r iaith hunan-lywodraeth yn ei sgil: 'wn i ddim.
Mae'r iaith yn bwysicach na hunan-lywodraeth. Yn fy marn i,
pe ceid unrhyw fath o hunan-lywodraeth i Gymru cyn arddel ac
arfer yr iaith Gymraeg yn iaith swyddogol yn holl weinyddiad
yr awdurdodau lleol a gwladol yn y rhanbarthau Cymraeg o'n
gwlad, ni cheid mohoni'n iaith swyddogol o gwbl, a byddai tranc
yr iaith yn gynt nag y bydd ei thranc hi dan Lywodraeth Loegr.

Mae'n debyg mai fel sialens i Blaid Cymru y gwelai Saunders
Lewis y ddarlith. Yr oedd hi'n amhosibl, fodd bynnag, i Blaid
Cymru ymateb heb golli pob hygrededd fel plaid wleidyddol,
gyfansoddiadol. Ond dylanwadodd y ddarlith bron ar unwaith ar
y genhedlaeth ifanc yng Nghymru. Rhoes iddi gyfle i osod gwedd
Gymreig ar fudiad protest byd-eang y chwedegau. Ar 4 Awst 1962,
yn ystod Ysgol Haf Plaid Cymru ym Mhontarddulais, sefydlwyd
Cymdeithas yr Iaith Gymraeg i ymgymryd yn benodol â'r her

own local authorities, who have only 'one answer to the problem of the decline of the rural areas, that is to press on the Government to bring them factories and industries from England, and to invite the corporations of cities like Birmingham to establish satellite towns in Anglesey, Merioneth or Montgomeryshire'. The story of the Beasley family of Llangennech's battle for rate demands in Welsh from the Llanelli District Council is given in detail, and the Council's reply is quoted that it was under no 'obligation to print rate demand notes in any language except English'. And then comes the call to action:

> Let us set about it in seriousness and without hesitation to make it impossible for the business of local and central government to continue without using Welsh. Let it be insisted upon that the rate demand should be in Welsh or in Welsh and English. Let the Postmaster-General be warned that annual licences will not be paid unless they are obtainable in Welsh. Let it be insisted upon that every summons to a court should be in Welsh. This is not a chance policy for individuals here and there. It would demand organizing and moving step by step, giving due warning and allowing time for changes. It is a policy for a movement, a movement located in the areas where Welsh is the spoken language in daily use. Let it be demanded that every election communication and every official form relating to local or parliamentary elections should be in Welsh. Let Welsh be raised as the chief administrative issue in district and county.

This, it is alleged, is the only matter worthy of the concern of Welsh people:

> It will be nothing less than a revolution to restore the Welsh language in Wales. Success is only possible through revolutionary means. Perhaps the language would bring self-government in its wake: I don't know. In my opinion, if any kind of self-government for Wales were obtained before the Welsh

o adfer yr iaith i'w phriod le ym mywyd cyhoeddus Cymru. Ym 1963, derbyniodd Saunders Lewis wahoddiad i fod yn Llywydd Anrhydeddus iddi. Ym mis Chwefror y flwyddyn honno (rhoddir gwahanol ddyddiadau mewn gwahanol ffynonellau – 7 Ionawr 1963 yn 'Casglu'r Tlysau' ar wefan Llyfrgell Genedlaethol Cymru, 23 Chwefror ar wefan 'Cymru ar yr Awyr' y BBC, a 2 Chwefror yn *Hanes Cymru*, John Davies, 1990), cynhaliwyd protest dorfol gyntaf y Gymdeithas pan osododd myfyrwyr o Aberystwyth a Bangor blacardiau ar adeiladau cyhoeddus yn Aberystwyth ac atal y traffig ar bont Trefechan yn y dref mewn ymgais i orfodi'r llysoedd i ddarparu gwysiau yn yr iaith Gymraeg. A dyfynnu John Davies: 'Aethpwyd ymlaen i ymgyrchu dros y Gymraeg yn y Swyddfa Bost, ar drwyddedau ceir, ar dystysgrifau geni ac ar arwyddion ffyrdd, gweithgaredd a arweiniodd at lu o achosion llys ac at wneud y profiad o fod mewn carchar yn beth cyffredin ymhlith y to ifanc o selogion Cymraeg.'

Wrth i'r to hŷn o Gymry ddechrau ymuno â'r protestio ac i ynadon heddwch ddechrau mynegi cydymdeimlad â'r diffinyddion o Gymdeithas yr Iaith a ymddangosai yn eu llysoedd, sefydlodd y llywodraeth Arolwg o dan gadeiryddiaeth Syr David Hughes-Parry i ymchwilio i statws yr iaith Gymraeg yng Nghymru. Cyhoeddwyd yr Arolwg ym 1965. Argymhellai statws cyfartal i'r Gymraeg a'r Saesneg yn llysoedd Cymru ac yn adrannau gweinyddol y wladwriaeth, ac arweiniodd at basio Deddf yr Iaith Gymraeg 1967. Ni wnâi'r Ddeddf honno, fodd bynnag, ddim ond cydnabod yr egwyddor o ddefnyddio'r iaith mewn achosion cyfreithiol – a byddai'n rhaid rhoi rhybudd o hynny ymlaen llaw i'r llys – a rhoi i weinidogion y llywodraeth yr hawl, ond nid gosod dyletswydd arnynt, i gyhoeddi dogfennau yn Gymraeg. Deddf gwbl annigonol ydoedd, mewn gwirionedd. Ei chymal pwysicaf, er na roddwyd llawer o sylw iddo ar y pryd, oedd un yn diddymu statws Cymru

language was acknowledged and used as an official language in local authority and state administration in the Welsh-speaking parts of our country, then the language would never achieve official status at all, and its demise would be quicker than it will be under English rule.

It is likely that Saunders Lewis saw the lecture as a challenge to Plaid Cymru. It was, however, impossible for Plaid Cymru to respond without losing all credibility as a constitutional political party. But the lecture had an almost immediate influence on the younger generation in Wales, who saw it as an opportunity to put a Welsh guise on the global protest movement of the sixties. On 4 August 1962, at the Plaid Cymru Summer School in Pontarddulais, the Welsh Language Society was founded to address specifically the challenge of restoring the language to its rightful place in Welsh public life. In 1963, Saunders Lewis accepted an invitation to be its Honorary President. In February that year (different dates are given in different sources – 7 January 1963 in 'Gathering the Jewels' on the National Library of Wales's website, 23 February on the BBC's 'Cymru ar yr Awyr' ('Wales on Air') website, and 2 February in *The History of Wales*, John Davies, 1990), the Society's first mass protest was held when students from Aberystwyth and Bangor placed placards on public buildings in Aberystwyth and halted traffic on the Trefechan bridge in the town in an attempt to force the law courts to provide summonses in the Welsh language. To quote John Davies: 'It proceeded to campaign for the Welsh language in the Post Office, on motor licences, on birth certificates and on road signs, an activity that led to a host of court cases and to making imprisonment a common experience among the younger generation of Welsh language enthusiasts.'

As the older generation of Welsh people began to join the protests and magistrates began to express sympathy with the

fel rhan o Loegr, statws a fu mewn grym ers Deddfau Uno 1536. Palmantodd y ffordd at basio Deddf Iaith amgenach ym 1993, er i Gymdeithas yr Iaith gondemnio honno hefyd fel deddf 'ddiddannedd, ddi-ddim', a Deddf amgenach eto a basiwyd gan Gynulliad Cenedlaethol Cymru yn 2010.

Ym 1971, cafwyd dau achos mawr yn erbyn arweinwyr Cymdeithas yr Iaith Gymraeg – achos cynllwyn yn erbyn wyth ohonynt yn Llys y Goron Abertawe ym mis Mai ac achos mwy wedyn yn erbyn pedwar ar ddeg arall yn Llys y Goron yr Wyddgrug ym mis Medi. Ym 1972, yn dilyn dwy flynedd o ymgyrchu am arwyddion ffyrdd dwyieithog, gydag aelodau'r Gymdeithas yn derbyn dirwyon a charchar am beintio a difrodi arwyddion uniaith Saesneg, cyhoeddwyd Adroddiad comisiwn a sefydlodd y llywodraeth dan gadeiryddiaeth Roderic Bowen i ymchwilio i'r mater. Argymhellai hwnnw ddarparu arwyddion ffyrdd dwyieithog yng Nghymru. Yr oedd gweithredu uniongyrchol y Gymdeithas yn dwyn ffrwyth.

Yn y saithdegau hefyd, dechreuwyd ymgyrchu dros wasanaeth teledu Cymraeg. Yn ei maniffesto at Etholiad Cyffredinol 1979 addawodd y Blaid Geidwadol Brydeinig y byddai, ped etholid hi, yn neilltuo'r bedwaredd sianel newydd yn sianel Gymraeg yng Nghymru. Wedi'r etholiad, fodd bynnag, cyhoeddwyd nad anrhydeddid yr addewid. O ganlyniad, gwrthododd oddeutu dwy fil o Gymry brynu trwydded deledu; bu eraill yn dringo mastiau teledu ac yn ymyrryd â stiwdios. Mae'n eironig mai dim ond ar ôl i gyn-Lywydd Plaid Cymru, Gwynfor Evans, arch-bleidiwr dulliau cyfansoddiadol, fygwth ymprydio i farwolaeth yr ildiodd y llywodraeth. Lawnsiwyd Sianel Pedwar Cymru ym 1982.

Yn y cyfamser, yr oedd gwleidydda cyfansoddiadol yn araf lwyddo hefyd. Dilynwyd llwyddiant hanesyddol Gwynfor Evans ar ran Plaid Cymru yng Nghaerfyrddin ym 1966 gan lwyddiannau eraill yng Nghaernarfon a Meirionnydd ym 1970. Ym 1968,

Language Society defendants who appeared before their courts, the government set up a Review, chaired by Sir David Hughes-Parry, to inquire into the status of the Welsh language in Wales. The Review was published in 1965. It recommended equal status for both Welsh and English in the law courts of Wales and in the administration of government, and led to the passing of the Welsh Language Act 1967. The Act, however, did little. It acknowledged the principle that Welsh could be used in a court of law – although the court had to be informed in advance – and gave government ministers the right, but placed them under no obligation, to publish documents in Welsh. It was, in fact, an entirely ineffectual act. Its most important clause, although little attention was given to it at the time, was the one repealing Wales's status as part of England, which had been in force since 1536. It prepared the way for a stronger Language Act in 1993, although the Language Society condemned that too as a 'toothless, worthless' act, and a yet stronger Act passed by the National Assembly for Wales in 2010.

In 1971, there were two major court cases against the leaders of the Welsh Language Society – in May, eight of them were tried for conspiracy at Swansea Crown Court and in September, there was an even bigger case at Mold Crown Court against a further fourteen. In 1972, following two years of campaigning for bilingual road signs, with members of the Society being fined and imprisoned for painting and defacing English only signs, the Report of a commission set up by the government under the chairmanship of Roderic Bowen to inquire into the matter was published. The Report recommended the provision of bilingual road signs in Wales. The Society's direct means of campaigning was beginning to bear fruit.

The seventies too saw the beginning of a campaign for a Welsh-language television service. In its manifesto for the 1979 General Election the British Conservative Party promised that, if elected, it

sefydlodd y llywodraeth Gomisiwn Brenhinol ar y Cyfansoddiad dan gadeiryddiaeth yr Arglwydd Kilbrandon i ymchwilio i bwnc datganoli grym i Gymru a'r Alban. Argymhellai Adroddiad y comisiwn, a gyhoeddwyd ym 1973, sefydlu corff etholedig i Gymru, gyda chwech o'r tri chomisiynydd ar ddeg am i'r corff hwnnw gael y gallu i ddeddfu. Penderfynodd y llywodraeth Lafur Brydeinig weithredu, er yn ddigon gwangalon. Ym 1976–8 aeth ati i baratoi mesur datganoli i Gymru, ond fe'i gwrthwynebid gan nifer o'i Haelodau Seneddol unoliaethol a gwrth-Gymreig hi ei hunan o rai o etholaethau cymoedd y de. Mynnodd y rheini nid yn unig gael refferendwm ar y mesur ond y byddai'n rhaid i 40 y cant o'r rhai a bleidleisiai fod o'i blaid. Pan gynhaliwyd y refferendwm ar 1 Mawrth, Dydd Gŵyl Ddewi, 1979, bu'r canlyniad yn siom chwerw. Dim ond un o bob pedwar o'r 58.3 y cant o'r etholwyr a bleidleisiodd a gefnogai fesur y llywodraeth. Cwympodd y llywodraeth hithau y mis Mai canlynol, er i dri Aelod Seneddol Plaid Cymru ei chadw mewn grym nes iddi gytuno i dalu iawndal i deuluoedd chwarelwyr a ddioddefai gan glefyd y llwch. Sylw Saunders Lewis ar hyn oll oedd 'fod dyddiau Plaid Cymru wedi eu rhifo. Rhaid i genedlaetholwyr Cymreig sydd o ddifrif edrych am arweiniad o'n carcharau, sy'n magu onestrwydd, nid o Westminster.'

Ni chafodd fyw i weld llwyddiant yr ail refferendwm ym 1997 a sefydlu Cynulliad Cenedlaethol Cymru ym 1999. Yn ei henaint, dioddefai'n gynyddol o asthma ac o'r crydcymalau. Ym mis Mehefin 1979, fe'i trawyd gan strôc, a chafodd un arall yr haf canlynol. Ym 1984, aethpwyd ag ef a Margaret, ei wraig, i gartref gofal y Santes Gwenfrewi yng Nghaerdydd. Bu hi farw yno yr un flwyddyn. Ar 1 Medi y flwyddyn ganlynol, bu farw yntau, ychydig wythnosau'n fyr o fod yn ddeuddeg a phedwar ugain mlwydd oed. Yn y gwasanaeth angladd, a gynhaliwyd yn Eglwys Gadeiriol Gatholig Dewi Sant, Caerdydd, datgelodd ei gyfaill, yr Esgob Daniel Mullins, gyfrinach

would designate the new fourth channel a Welsh-language channel in Wales. After the election, however, it announced that the promise would not be honoured. Consequently, some two thousand Welsh people refused to buy a TV licence; others climbed television masts and interfered with broadcasting studios. Ironically, it was only when Gwynfor Evans, former President of Plaid Cymru and champion of constitutional means, threatened to fast to death that the government surrendered. Sianel Pedwar Cymru was launched in 1982.

In the meantime, constitutional politics too were slowly bearing fruit. Gwynfor Evans's historic victory for Plaid Cymru in the Carmarthen by-election of 1966 was followed in 1970 by further successes in Caernarfon and Meirionnydd. In 1968, the government set up a Royal Commission on the Constitution, chaired by Lord Kilbrandon, to inquire into devolving power to Wales and Scotland. The commission's Report, published in 1973, recommended setting up an elected body for Wales, with six of the thirteen commissioners recommending that it should have the power to legislate. The British Labour government decided to act, albeit half-heartedly. In 1976–8, it published a measure of devolution for Wales, but was opposed by some of its own anti-Welsh, unionist Members of Parliament from south Wales constituencies, who insisted not only that a referendum be held on the measure, but that it should be supported by 40 per cent of those who voted. When the referendum was held on 1 March, St David's Day, 1979, its result was a bitter disappointment. Only one in four of the 58.3 per cent of the electorate that had voted had supported the government's measure. The government itself fell the following May, the three Plaid Cymru Members of Parliament having kept it in power until it agreed to pay compensation to former quarrymen suffering from pneumoconiosis. Saunders Lewis's comment on all this was that 'the days of Plaid Cymru are numbered. A Welsh nationalist who is serious must seek leadership

deng mlynedd, sef ddarfod i'r Pab Paul VI ei anrhydeddu â theitl Pen Marchog o Urdd Sant Gregori Fawr ym 1975. Claddwyd medal yr Urdd gydag ef ym mynwent Gatholig Penarth.

from the prisons, which nurture honesty, not from Westminster.'

He did not live to see the success of the second referendum in 1997 and the setting up of the National Assembly for Wales in 1999. In his old age, he suffered increasingly from asthma and rheumatism. In June 1979, he suffered a stroke, and another the following summer. In 1984, he and his wife, Margaret, were taken to St Winifred's care home in Cardiff. She died there that year. On 1 September the following year, he too died, a few weeks short of his ninety-second birthday. At the funeral service, held in St David's Catholic Cathedral, Cardiff, his friend Bishop Daniel Mullins revealed a ten-year secret, that in 1975 Pope Paul VI had honoured him with the title of Knight Commander of the Order of Saint Gregory the Great. The Order's medal was buried with him in the Catholic Cemetery, Penarth.

Epilog

DYFYNNWYD LLAWER ar y sylw a ganlyn a wnaeth Saunders Lewis yn y cyfweliad gydag Aneirin Talfan Davies a gyhoeddwyd yn *Taliesin*, Nadolig 1961:

> Yr oedd gen i awydd, nid awydd bychan, awydd mawr iawn i newid hanes Cymru. I newid holl gwrs Cymru a gwneud Cymru Gymraeg yn rhywbeth byw, cryf, nerthol, yn perthyn i'r byd modern. Ac mi fethais yn llwyr. Fe'm gwrthodwyd i gan bawb. Fe'm gwrthodwyd i ym mhob etholiad y ceisiais i fod yn ymgeisydd ynddo; mae pob un o'm syniadau ... mae nhw i gyd wedi'u bwrw heibio.

Sôn yr oedd am ei fethiant fel gwleidydd. Y methiant hwnnw, meddai, a'i gyrrodd i draethu ei weledigaeth drwy ysgrifennu hanes llenyddiaeth Cymru a llunio dramâu. Ym maes llenyddiaeth, wrth gwrs, cafodd lwyddiant digamsyniol. Soniwyd eisoes iddo gyfansoddi o leiaf ddeg cerdd o bwys, yr ystyrir dwy ohonynt ymhlith y goreuon a ysgrifennwyd yn Gymraeg erioed. Hyd yn oed os golyga'r glastwreiddio cynyddol presennol ar ansawdd yr iaith Gymraeg na fydd yn y dyfodol gynulleidfaoedd i werthfawrogi golud iaith ei ddramâu, fe fydd o hyd astudio arnynt fel drych o gyfnod, yn enwedig y clasuron mawr, *Blodeuwedd*, *Siwan*, *Gymerwch Chi Sigarét?*, *Brad* ac *Esther*. Am ei waith ar lenyddiaeth Gymraeg, fe ddywedodd un o ysgolheigion Cymraeg mwyaf ail hanner yr ugeinfed ganrif,

Epilogue

THE FOLLOWING observation, made by Saunders Lewis in the interview with Aneirin Talfan Davies that was published in *Taliesin*, Christmas 1961, has been much quoted:

> I had a desire, not a small desire but a very great desire, to change the history of Wales. To change the whole course of Wales and make Welsh-speaking Wales something dynamic, strong, powerful, belonging to the modern world. And I failed completely. I was rejected by everybody. I was rejected in every election in which I was a candidate; every one of my ideas ... they have all been cast aside.

He was referring to his failure as a politician. It was that failure, he said, that had caused him to set out his vision by writing the history of Welsh literature and creating plays. In the field of literature, of course, he was undoubtedly successful. It has already been noted that he wrote at least ten important poems, two of which are considered amongst the best ever written in Welsh. Even if the present and increasing dilution of the quality of the Welsh language leads to a future without an audience to appreciate the linguistic wealth of his plays, they will still be studied, especially the great classics, *Blodeuwedd*, *Siwan*, *Gymerwch Chi Sigarét?*, *Brad* and *Esther*, as reflections of an age. One of the greatest scholars of Welsh of the second half of the twentieth century, J E Caerwyn Williams, wrote of

J E Caerwyn Williams: 'Cawsom fel cenedl rai a ymroes yn fwy i ysgolheictod na Saunders Lewis ... ond yn sicr ni chawsom erioed neb a ymroes fwy i feirniadaeth lenyddol, ac nid wyf yn credu y gall undyn wadu nad ef yw'r beirniad llenyddol mwyaf a welodd y Gymraeg hyd yn hyn.'

Fe dderbyniwyd yn gyffredinol ei thesis am undod di-dor y traddodiad llenyddol Cymraeg hyd ddiwedd yr Oesoedd Canol pan darfwyd arno gan y Ddeddf Uno a'r Diwygiad Protestannaidd. Dyma'r uniongrededd a ddysgid, ac a ddysgir eto, yn adrannau Cymraeg prifysgolion Cymru. Wrth hel atgofion yn *Barddas* yn 2010 am Adran Gymraeg Coleg y Brifysgol, Aberystwyth, yn y saithdegau, dywed William Owen Roberts 'fod rhyw gonfensiwn wedi setlo ar yr Adran, a bod pawb yn weddol gytûn mai dim ond un ffordd oedd yna o ddirnad y cwbl o hanes llenyddiaeth Cymru. Dehongliad Saundersaidd oedd hwn'. Ym myd llenyddiaeth Gymraeg, felly, bu ei ddylanwad yn sylweddol iawn.

Bum mlynedd ar hugain wedi ei farw, fodd bynnag, y mae'n briodol gofyn pa mor agos at y gwir oedd ei ymdeimlad o fethiant fel gwleidydd. Y mae Robin Chapman, yn y cofiant iddo a gyhoeddwyd yn 2006, fel pe bai'n derbyn na chafodd fawr o ddylanwad: 'Ni sefydlodd ysgol ac nid oedd ganddo olynwyr. Daeth Penyberth, isetholiad y Brifysgol a darlith *Tynged yr Iaith* yn dair cyfranc yn chwedloniaeth cenedlaetholdeb, ond prin fod yr un sill o'r weledigaeth a'u cymhellodd wedi goroesi.'

Serch hynny, y mae'n cyfaddef bod 'ôl ei law ar Gymru o hyd' ac 'na ellir cyfathrebu yn ystyrlon yn y Gymru gyfoes hebddo'. I'r graddau hynny, bu ei ddylanwad yn aruthrol. Ei gymwynas fawr, efallai, oedd dysgu i'r Cymry weld gwerth yn eu treftadaeth genedlaethol. Am ganrif gron, ers Brad y Llyfrau Gleision ym 1847, cawsai hunanhyder y genedl ei sigo gan gyfundrefn addysg a'i hamharchai, twf Ymerodraeth Lloegr, jingoistiaeth Seisnig dau

his work on Welsh literature: 'As a nation, we have had people more committed to scholarship than Saunders Lewis ... but we have most certainly never had anyone more committed to literary criticism, and I do not believe anyone can deny that he is the greatest literary critic that the Welsh language has yet seen.'

There has been a general acceptance of his thesis concerning the unbroken unity of the Welsh literary tradition until the end of the Middle Ages when it was interrupted by the Act of Union and the Protestant Reformation. This is the orthodoxy that was, and still is, taught in the Welsh departments of the universities of Wales. Reminiscing in *Barddas* in 2010 about the Department of Welsh at the University College of Wales, Aberystwyth, in the 1970s, William Owen Roberts wrote that 'a convention had settled upon the Department, and everybody more or less agreed that there was only one way of discerning the whole history of Welsh literature. This was a Saundersian interpretation'. In the field of Welsh literature, therefore, his influence has been very substantial.

Twenty five years after his death, however, it is appropriate to ask how close to the truth was his awareness of failure as a politician. In his biography, published in 2006, Robin Chapman seems to accept that he had very little influence: 'He did not found a school and he had no successors. Penyberth, the University by-election and the *Fate of the Language* lecture have become three legends in nationalist folklore, but it is unlikely that a single syllable of the vision that inspired them has survived.'

Even so, he admits that 'the mark of his hand is still to be seen on Wales' and 'that one cannot communicate meaningfully in modern Wales without him'. To that extent, his influence has been immense. His greatest service, perhaps, was to teach the Welsh people to recognize the value of their national heritage. For a whole century, ever since the Blue Books' Betrayal in 1847, the nation's self-

Ryfel Byd a dirwasgiad economaidd. Am yr iaith Gymraeg, ystyriai hyd yn oed y rhai hynny a'i carai nad oedd yn ddim ond iaith gwerin gyffredin a di-ddysg, a llenyddiaeth werinol, yn chwedlau a phenillion, oedd ei llenyddiaeth. Nid felly, yn ôl Saunders Lewis. Dysgai ef fod i'r iaith Gymraeg linach bendefigaidd. Rhannai â'r Ffrangeg a'r Sbaeneg a'r Eidaleg berthynas agos â'r iaith Ladin, a rhannai â'r ieithoedd hynny hefyd deithi meddwl Cristnogol Ewrop Gatholig. Cenhadaeth ei fywyd fu ceisio dangos i'r Cymry fod yr ymdrech i ddiogelu'r Gymraeg a'i threftadaeth yn ymdrech i ddiogelu rhywbeth o wir bwys.

Byddai'n anodd dadlau iddo fethu'n llwyr. Nid yr un lle o gwbl yw Cymru Refferendwm lwyddiannus 2011 â Chymru Penyberth 1936. Gall Cymru 2011 edrych ymlaen o leiaf at ryw fath o ddyfodol cenedlaethol. Nid oedd sicrwydd o'r fath beth ym 1936. Byddai'r llywodraeth yn Llundain gydol yr ugeinfed ganrif wedi bod yn ddigon balch o fedru ysgubo cenedligrwydd Cymreig o'r neilltu, esgymuno'r iaith Gymraeg o bob bywyd cyhoeddus ac o feysydd cyfraith, darlledu ac addysg, a gweinyddu Cymru fel rhanbarth o Loegr – y gogledd, efallai, o Lerpwl, a'r de o Fryste. I weledigaeth Saunders Lewis, yn anad neb, y mae'r diolch nad felly y bu.

Nid bod fawr o neb wedi cymryd o ddifrif ei ddaliadau elitaidd a phendefigaidd. Ni ddechreuodd Plaid Cymru lwyddo mewn etholiadau seneddol nes iddi droi ei chefn ar y syniadau hyn. Mae'n eironig hefyd ddarfod gwireddu rhai o'i bolisïau at amcanion a oedd yn gwbl wrthgyferbyniol i'w amcanion ef. Galwasai, er enghraifft, am ddad-ddiwydiannu cymoedd y de. Yn wythdegau'r ugeinfed ganrif, fe wnaed hynny i raddau helaeth, nid gyda'r bwriad o drin cyfoeth adnoddau naturiol Cymru 'yn ddarbodus er budd y genedl Gymreig', a dyfynnu Deg Pwynt Polisi 1933, ond i fodloni llid Margaret Thatcher yn erbyn y diwydiant glo. Galwasai ar i Gymru fod yn un o 'ddeiliaid' Ewrop. Erbyn hyn, y mae Cymru unwaith eto yn ddibynnol ar Ewrop,

confidence had been shaken by an education system that derided it, the growth of the English Empire, the English jingoism of two World Wars and an economic depression. As for the Welsh language, even those who loved it believed that it was the language only of a common, uneducated peasantry, and that its literature was peasant literature, folk-songs and folk-tales. Not so, according to Saunders Lewis. He taught that the Welsh language had an aristocratic lineage. It shared with French, Spanish and Italian a close relationship with Latin, and shared with those languages too the Christian ways of thinking of Catholic Europe. It was his life's mission to show the Welsh people that the effort to safeguard the Welsh language and its heritage was an effort to safeguard something truly important.

It would be difficult to argue that he failed completely. The Wales of 2010's successful Referendum is not the same place at all as the Wales of Penyberth 1936. In 2011, Wales can look forward at least to a national future of some kind. No such thing was sure in 1936. London governments throughout the twentieth century would have been only too glad to sweep Welsh nationhood aside, ban the Welsh language from all public life and from the fields of law, broadcasting and education, and administer Wales as a province of England – the north, perhaps, from Liverpool, the south from Bristol. That it is not so is due, above all, to Saunders Lewis's vision.

Not that many people took seriously his views of elitism and nobility. Plaid Cymru did not succeed in parliamentary elections until it discarded these ideas. It is also ironic that some of his policies were fulfilled to achieve aims completely contrary to his. For example, he had called for the de-industrialization of the south Wales valleys. In the 1980s that aim was achieved, to a great extent, not with the intention of treating the wealth of Wales's natural resources 'prudently for the benefit of the Welsh nation', to quote the Ten Policy Points of 1933, but to satisfy Margaret Thatcher's

nid am syniadaeth ddiwinyddol ac athronyddol, ond am grantiau ariannol sylweddol fel un o'i rhanbarthau tlotaf. Galwasai am bolisi o 'berchentyaeth'. Thatcher eto a sicrhaodd yr hawl i ddenantiaid tai cyngor ddod i berchenogi eu tai, nid, a dyfynnu o'r Deg Pwynt Polisi, i 'rannu meddiant' yn helaeth rhwng teuluoedd nac 'fel y byddai pob perchen tŷ yn geidwad, yn angor ac yn amddiffynnydd bywyd trefnus', ond i hyrwyddo dogma'r farchnad rydd. Galwasai am adfer yr iaith Gymraeg. Erbyn hyn, bu cynnydd amlwg yn y defnydd a wneir o'r iaith ac, fe ymddengys, yn nifer ei siaradwyr, ond nid, fel y galwodd ef ym 1928, gyda'r bwriad o 'berffeithio boneddigeiddrwydd drwy ei Gymreigio' a 'lefeinio'r diwylliant gwerinol â delfrydau anhraethol uwch nag y sydd iddo heddiw', gan fod safon diwylliant y werin Gymraeg yn is nag y bu, efallai, ers cyn y Diwygiad Methodistaidd, a pholisïau cyhoeddus ym meysydd llenyddiaeth a darlledu yn yr iaith yn dyrchafu'r poblogaidd a'r gwacsaw ar draul noddi dim sydd o wir werth.

Ym mharagraff olaf ei astudiaeth o Saunders Lewis yn y gyfres 'Writers of Wales', y mae Bruce Griffiths yn adrodd i rywun rywdro ofyn i Saunders Lewis ym mha wlad, ac eithrio Cymru, yr hoffai fod wedi byw. Yr ateb oedd 'Lloegr', gyda'r sylw ychwanegol, 'a Cheidwadwr fyddwn i'. Mae'n briodol, felly, mai gan Aelod Ceidwadol o Gynulliad Cenedlaethol Cymru, David Melding, y cafwyd un o'r erthyglau diweddar sy'n dangos mwyaf o gydymdeimlad ag ef. Mewn erthygl o dan y teitl 'Where is Saunders Lewis?' yn y cylchgrawn ar-lein *WalesHome*, 15 Hydref 2010, haera David Melding fod cenedlaetholwyr Cymreig heddiw yn amheus ohono. Pan agorwyd y Cynulliad Cenedlaethol ym 1999, meddai, ni sibrydwyd hyd yn oed ei enw. Ac eto, 'yr oedd llawer o'i ragdybiaethau yn sownd, yn rhagweledol ac yn broc i'r meddwl'. Yr oedd y ddadl mai'r iaith Gymraeg oedd, ac yw, Cymru yn 'ddiamheuol gywir ... Heb yr iaith ni fyddai Cymru wedi datblygu ei diwylliant

anger against the coal industry. He had called for Wales to be one of the 'subjects' of Europe. By now, Wales is again dependent on Europe, not for theological and philosophical ideas, but for substantial financial grants as one of its poorest regions. He had called for a policy of 'house ownership'. It was Thatcher again who gave council house tenants the right to buy their homes, not, to quote the Ten Policy Points, to 'share possession' between families nor in order that 'every house owner becomes a guardian, an anchor and a defender of organized life', but to promote the free market dogma. He had called for the restoration of the Welsh language. By now, there has been an obvious increase in the use made of the language and, it seems, in the numbers who speak it, but not, as he called in 1928, with the intention of 'perfecting nobility by making it Welsh' nor 'leavening the peasant culture with ideals immeasurably higher than those which it now has', because the standard of culture of Welsh-speaking Wales is lower today than at any time, perhaps, since before the Methodist Revival, and public policy in the fields of literature and broadcasting promotes the popular and the trivial at the expense of sponsoring anything that is of true value.

In the final paragraph of his study of Saunders Lewis in the 'Writers of Wales' series, Bruce Griffiths recalls that someone once asked Saunders Lewis in which country, apart from Wales, he would have liked to live. The answer was 'England', with the additional observation, 'and I would have been a Conservative'. It is, therefore, appropriate, that one of the most sympathetic articles written about him recently comes from a Conservative Member of the National Assembly for Wales, David Melding. In an article entitled 'Where is Saunders Lewis?' in the online periodical *WalesHome*, 15 October 2010, David Melding argues that Welsh nationalists today regard him with suspicion. When the National Assembly was opened in 1999, he writes, his name was not even whispered. And yet, 'many

arbennig ei hun ac ni fyddai heddiw yn ddim mwy Celtaidd nag yw Swydd Efrog'. Terfyna'r erthygl â'r geiriau hyn:

> Fe all nad Nelson Mandela na hyd yn oed Vaclav Havel mo Saunders Lewis, ond ni ddylid ei weld ychwaith fel croesiad rhwng Gwrtheyrn a Mussolini. Y mae llawer o'i feddyliau'n dal yn berthnasol ac yn haeddu cael eu gwerthuso'n feirniadol. Ble mae Saunders Lewis? Mi wn i ymhle y dylai fod: yng nghanol ein hymddiddan cenedlaethol.

Beth bynnag a feddyliwn o Saunders Lewis, y mae un peth y byddai pawb yn cytuno arno, sef iddo garu ein cenedl yn angerddol iawn a chael ei siomi'n greulon ganddi. Yn ei gerdd, 'Caer Arianrhod', fe roes yng ngenau Owain Glyndŵr y geiriau a ganlyn, sy'n fynegiant o'i deimladau yntau:

> Taenais aden fy mreuddwyd drosot ti, fy ngwlad;
> Codaswn it – O, pes mynasit – gaer fai bêr;
> Ond un â'r seren wib, deflir o blith y sêr
> I staenio'r gwyll â'i gwawr a diffodd yw fy stad.

Ond nid dyna – yn achos Saunders Lewis nac Owain Glyndŵr – mo'r stori i gyd. Mae'n briodol rhoi'r gair olaf i D Tecwyn Lloyd, a gyhoeddodd y gyfrol gyntaf o'i gofiant meistraidd, *John Saunders Lewis*, ym 1988. Mewn cyfarfod ym 1975 i lawnsio'r llyfr a gyhoeddwyd y flwyddyn honno i'w gyfarch, fe ddywedodd Tecwyn Lloyd i Saunders Lewis 'ein gwahanu ni yng Nghymru a gwneud inni feddwl amdanom ein hunain fel pobl annibynnol'. 'Fydd dim byd yng Nghymru,' meddai, 'yr un fath eto.' Prin iawn, yn hanes unrhyw genedl, yw'r eneidiau y gellir dweud hynny amdanynt.

of his premises were sound, prescient and thought provoking'. His argument that the Welsh language was, and is, Wales is 'incontestably right ... Without the language Wales would not have preserved a distinct culture and today would have been no more Celtic than Yorkshire'. The article ends with these words:

> Saunders Lewis may not have been a Nelson Mandela or even Vaclav Havel, but he should not be viewed as a cross between Vortigern and Mussolini either. There is much in his thought that remains relevant and deserves critical reappraisal. Where is Saunders Lewis? I know where he should be: at the heart of our national conversation.

Whatever we think of Saunders Lewis, there is one thing on which everyone would agree – that he loved our nation passionately and was cruelly disappointed by her. In his poem 'Caer Arianrhod' ('The Fort of Arianrhod'), he put on the lips of Owain Glyndŵr the following words, which express also his own feelings:

> I spread the wing of my dream over you, my country;
> I would have built you – Oh, had you but willed it – a sweet fort;
> But at one with the comet thrown from among the stars
> To stain the dusk with its dawn is my estate.

But that – in the case of Saunders Lewis or Owain Glyndŵr – is not the whole story. It is appropriate to give the last word to D Tecwyn Lloyd, who, in 1988, published the first volume of his masterly biography, *John Saunders Lewis*. At a meeting in 1975 to launch the book published that year in his honour, Tecwyn Lloyd said that Saunders Lewis 'had separated us in Wales and made us think of ourselves as an independent people'. 'Nothing in Wales,' he said, 'will be the same again.' It is only of a very few people, in the history of any nation, that such a thing can be said.

155